全国职业培训推荐教材
人力资源和社会保障部教材办公室评审通过
适合于职业技能短期培训使用

餐厅服务基本技能

（第二版）

中国劳动社会保障出版社

图书在版编目(CIP)数据

餐厅服务基本技能/苏士瑗主编. —2 版. —北京：中国劳动社会保障出版社，2009

职业技能短期培训教材

ISBN 978-7-5045-7687-3

Ⅰ. 餐…　Ⅱ. 苏…　Ⅲ. 饮食业-商业服务　Ⅳ. F719.3

中国版本图书馆 CIP 数据核字(2009)第 108516 号

中国劳动社会保障出版社出版发行

（北京市惠新东街 1 号　邮政编码：100029）

出 版 人：张梦欣

*

北京隆昌伟业印刷有限公司印刷装订　新华书店经销

850 毫米×1168 毫米　32 开本　4.375 印张　106 千字

2009 年 7 月第 2 版　2012 年 7 月第 7 次印刷

定价：8.00 元

读者服务部电话：010－64929211/64921644/84643933

发行部电话：010－64961894

出版社网址：http://www.class.com.cn

前言

职业技能培训是提高劳动者知识与技能水平、增强劳动者就业能力的有效措施。职业技能短期培训，能够在短期内使受培训者掌握一门技能，达到上岗要求，顺利实现就业。

为了适应开展职业技能短期培训的需要，促进短期培训向规范化发展，提高培训质量，中国劳动社会保障出版社组织编写了职业技能短期培训系列教材，涉及二产和三产百余种职业（工种）。在组织编写教材的过程中，以相应职业（工种）的国家职业标准和岗位要求为依据，并力求使教材具有以下特点：

短。教材适合 15～30 天的短期培训，在较短的时间内，让受培训者掌握一种技能，从而实现就业。

薄。教材厚度薄，字数一般在 10 万字左右。教材中只讲述必要的知识和技能，不详细介绍有关的理论，避免多而全，强调有用和实用，从而将最有效的技能传授给受培训者。

易。内容通俗，图文并茂，容易学习和掌握。教材以技能操作和技能培养为主线，用图文相结合的方式，通过实例，一步步地介绍各项操作技能，便于学习、理解和对照操作。

这套教材适合于各级各类职业学校、职业培训机构在开展职业技能短期培训时使用。欢迎职业学校、培训机构和读者对教材中存在的不足之处提出宝贵意见和建议。

人力资源和社会保障部教材办公室

简介

本书以餐厅服务的基本知识开篇，系统介绍了托盘服务、餐巾折叠、摆台、酒水服务、上菜、分菜和撤换菜品及餐用具等基本技能，在此基础上，对中餐零点、中餐宴会、自助餐、西式早餐、西式正餐、西餐扒房等的接待服务流程进行了梳理，分析技能要点，归纳服务细节。

本书在编写过程中吸取了《餐厅服务基本技能》第一版教材突出技能操作的优点，在此基础上，从当前服务市场的实际需要出发，针对职业技能短期培训学员的特点，进一步强化了技能的实用性。运用通俗易懂的语言、有针对性的知识介绍和重在实用的操作提示，使学员对各技能点一目了然，易学乐学。

本书由杨德才、李纯、李秀玲、张焕玲编写，苏士瑗主编，沈群主审。

目录

第一单元　餐厅服务认知

餐厅服务员是指以餐厅设备设施为依托，在宾客用餐消费中，提供全程满意服务，使宾客得到以餐饮享受为实质内容的特殊服务的一线人员。餐厅服务员是餐饮服务企业的重要组成部分，宾客走进餐厅，首先接触的不是菜品，而是服务员的服务，服务员的服务水平在一定意义上就是一个企业的象征，服务水平高低直接影响企业的经济效益和社会效益。

模块一　认识餐厅服务

一、什么是餐厅

餐厅是通过出售服务、菜品和饮料来满足宾客饮食需求的场所。根据餐饮内容、服务方式和规格水平的不同，餐厅大致可作如下分类（见表1—1）：

表1—1　餐厅的种类

类别	内容	特点
正餐厅	各类中餐厅、西餐厅	桌式点菜服务，提供零点，宴会服务，环境优雅，品种齐全，一般经营午餐晚餐
专营餐厅	海鲜厅、素食厅、粥店、面馆	通常经营较单一的品种
地方菜系餐厅	川菜、鲁菜、粤菜、淮扬菜、湘菜	突出某一地方菜系

续表

类别	内容	特点
风味餐厅	宫廷菜、清真菜、维吾尔族菜、日本料理、韩国烧烤、法国菜、俄国菜	制作工艺、烹饪风格不同，各具特色，各有千秋
自助餐厅	火锅、烧烤	强调自助、食品陈列、自选
咖啡厅	规格一般的西餐厅	供应食品简单，早、午、晚三餐营业，服务快捷

二、什么是餐厅服务

餐厅服务是指餐厅服务员为宾客（也称“顾客”“客人”）提供以菜点和酒水饮料供应为中心的一系列丰富而多样化的服务，这种服务既有严格的服务程序和操作规范，又要遵循特定的礼节礼貌。餐厅服务是企业形象的窗口，它能培育宾客对企业的忠诚度，提高宾客的惠顾率。

三、餐厅服务的特点

1. 差异性

餐饮服务差异性主要表现在：一是餐饮服务需要由服务员通过劳务来完成，而每位服务员由于年龄、性别、性格、素质、文化程度等方面的差异，他们为宾客提供的餐饮服务也不尽相同；二是同一服务员在不同场合、时间、接待不同的宾客，其服务态度和服务方式也存在差异。

2. 同步性

接待宾客是通过提供服务和销售菜品同步进行的。

3. 无形性

这里指的是在服务效用上的无形性。餐饮服务是餐饮产品，只能通过就餐宾客购买、消费、享受服务之后所得到的亲身感受来评价其好坏。

4. 一次性

餐厅服务只能一次使用，不能储存和保管。即当宾客进入餐厅后开始，当宾客离店时，服务自然结束。宾客在服务、菜品和环境方面的需求得到满足后，他们就会多次光临，并能起到宣传的作用。

5. 直接性

餐饮出售的产品是菜品、服务、环境的最佳组合。餐饮服务直接面向宾客生产和销售，企业与宾客之间是当面服务、当面消费。服务的好坏，即刻当面接受宾客的检验。这种面对面的直接服务和消费的特点，对餐厅服务员的专业素质及服务质量提出了更高的要求。

四、餐厅服务的工作内容

餐厅服务的工作内容由餐厅经营活动来决定。餐厅服务工作内容包括班前准备、接待服务、销售服务、餐中巡视、结账送客、餐后收尾等。

1. 班前准备：做好开业前的各项准备工作。

2. 接待服务：接受预订、接待宾客、引领入座。

3. 销售服务：呈送菜单，介绍经营品种，为宾客推荐本店特色菜点、酒水、饮料。当好宾客的参谋，并为其解答菜点中的疑点。

4. 餐中巡视：在宾客用餐过程中，观察其餐饮需求，及时提供个性化服务。

5. 结账送客：统计宾客消费数量和质量，结账收款，礼貌送客。

6. 餐后收尾：宾客离店，清理台面，重新摆台，准备接待新宾客。

模块二　餐厅的组织结构和岗位职责

一、餐厅的组织结构

根据餐厅服务工作的不同，餐厅服务员的岗位分工有迎宾员、值台员、传菜员、酒水员、收银员等。

餐厅组织结构如图 1—1 所示。

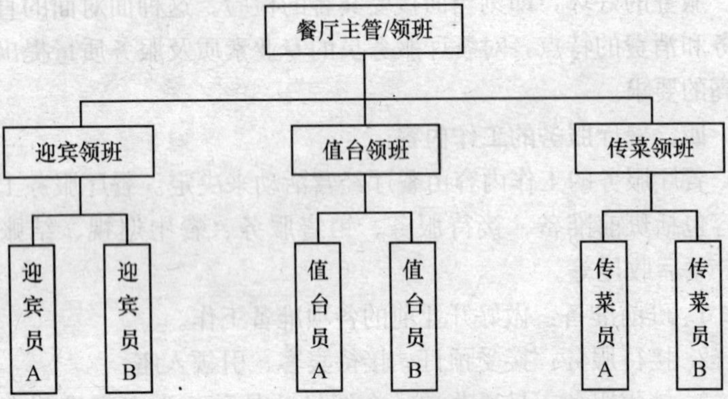

图 1—1　餐厅组织结构图

二、餐厅迎宾员岗位职责

1. 服装整洁，精神饱满，举止端庄，面带微笑，热情迎送宾客，使用文明用语。

2. 接听电话，做好餐厅预订记录、跟踪服务工作。

3. 掌握餐厅客流量及分布区域，解答宾客询问，合理安排宾客。

4. 记住常客的姓名和用餐习惯，提供个性化服务。

5. 引领宾客，有序安排，办好登记手续。宾客离店时礼貌道别。

6. 负责保管、检查、更新和派送菜单、酒水单、报刊信函。

7. 帮助宾客存放衣帽、雨具等物品，妥善保管宾客遗留物品。

8. 保持区域卫生清洁、舒适。

三、餐厅值台员岗位职责

1. 按照规定布置餐厅和开餐前的准备工作，做好餐厅环境、餐酒用具清洁卫生工作。

2. 保证开餐前的佐料、餐具、桌椅齐备，对不足的应以补足，并且摆设符合规范。

3. 负责接待宾客，熟知餐厅菜单品种的名称、单价、主料、配料、烹调方法、口味特点、地方特色等，熟知餐厅供应的酒水、饮料的品种、价格、口味、饮用方法等。

4. 主动介绍菜品，当好宾客参谋，做好导餐工作，落单及时、准确。接待中使用礼貌用语。

5. 餐中巡台，按照服务规格、操作程序，快捷、熟练、准确地为宾客提供高质量、高效率的服务。

6. 做好餐后收尾及翻台工作。

四、餐厅传菜员岗位职责

1. 按照规格标准，确保餐厅传菜用的所有餐具、器皿清洁、卫生、明亮、无缺口。

2. 备好调料、佐料及传菜用具，爱护传菜间物品。

3. 在传菜过程中，动作要轻、快、稳，不与宾客争道，礼貌让客。

4. 及时准确对号上菜，并协助服务员端菜上桌。熟知酒店菜品的特色及制作原理和配料搭配。

5. 传菜中检查菜品质量和数量，控制传菜速度，及时传递宾客对菜品的各种要求，保证信息畅通。

6. 餐后将台面的各式餐具撤至指定洗涤处，分类码放。做好传菜间的卫生清理及传菜用具保养、清洁工作。

模块三　餐厅服务员的职业素质

一、服务理念

在餐饮服务中，餐厅服务员应树立现代餐饮服务理念，这包括：宾客至上的餐饮服务意识、以宾客餐饮需求为导向的服务价值观和升华餐饮服务技术与艺术性的统一性。

1. 宾客至上的餐饮服务意识

餐饮服务意识是指餐厅服务员对餐饮服务接待工作的职责、义务、规范、标准、要求的认知，餐厅服务员应时刻保持“宾客在我心中”的真诚感。餐饮服务意识要求餐厅服务员做到：在宾客接待服务全过程中，主动、热情、耐心、周到，礼貌地按规范、按标准提供服务。

主动服务：主动当好参谋；主动服务，遵守程序；主动满足宾客用餐的特殊需求。

热情服务：生人熟人一样热情，本地人外地人一样热情，内宾外宾一样热情，消费高低一样热情。

耐心服务：解答问题要耐心，化解矛盾要耐心，对待客人要耐心。

周到服务：服务用语周到，就餐服务周到，超常服务周到。

礼貌服务：礼貌迎宾，礼貌接待，礼貌送客。

宾客到餐厅用餐，最大的愿望是能够得到餐厅的尊敬，为此，餐厅服务员要时刻把宾客的利益摆在首位。以亲情服务、高超技能、快捷效率、丰富知识和文明举止，处处表达和体现对宾客的尊敬，不断提高宾客满意度。

衡量餐厅服务质量的一个重要指标是宾客的满意度。宾客到餐厅消费的不仅是菜品、面点和酒水，更重要的是希望感受到轻松的氛围、惬意的回忆、体贴和照顾。体现宾客至上、服务第一的服务意识，要落实在服务接待的全过程中，最大限度地满足宾客的需求，提高宾客满意度，维护企业利益，提高企业竞争力。

2. 以宾客餐饮需求为导向的服务价值观

在餐厅服务接待中，不同的宾客到餐厅用餐的需求不同。这要求餐厅服务员从心理学的角度出发，具备敏锐的观察力，学会观察宾客需求，研究宾客用餐心理。餐厅服务员应从宾客需求出发，根据其不同需求提供有针对性、个性化的服务。宾客的餐饮需求就是餐厅服务工作的全部内容，就是餐饮服务价值的具体体现。

要站在宾客的角度去考虑他们的内心需求；要急宾客之所急，想宾客之所想，做宾客之所需。宾客需求，来自餐厅服务员的细心体察，对于宾客所需，餐厅服务员要善于观察，做到凡是看到、听到、想到的，只要是宾客餐饮需求的，一经发现，即刻解决。特别是宾客已经提出的餐饮需求，要竭力给予满足。餐厅服务员在用餐服务全过程中，要实现服务价值最大化。而餐饮服务的价值，更集中体现在为宾客服务的价值中，以实现宾客餐饮享受的最大化，努力满足宾客享受型的需求。

3. 餐饮服务技术性与艺术性完美结合的高标准追求

餐饮行业是一个劳务性行业，餐厅服务员的劳动价值是通过现场为宾客服务来实现的，渗透着餐厅服务员辛勤的劳动。服务员整洁的仪表，文明的举止，亲切的话语，适度的肢体语言，用托盘派送一款款色形俱佳的菜点，在餐厅构成了一道亮丽的风景线。餐厅服务员根据不同主题的宴会，在新颖别致的餐台台面，摆上一套套流光溢彩的餐酒用具，一个个形象逼真、栩栩如生的折叠餐巾和一台台用鲜花插摆的、生机盎然的主题台花，展示着独具匠心的设计和高超的服务技艺。这就是餐厅服务技术性与艺术性的完美结合。

餐厅服务员在实践中，将娴熟的服务技术与艺术完美结合，不仅为宾客带来心灵与物质的享受，而且成功塑造了企业形象，大大提高了企业的经济效益和社会效益，同时也能实现自身的职业理想和人生价值。每一位餐厅服务员都应当有努力达到这样一种完美境界的追求。

二、职业道德

职业道德是指从事某个职业的人，在工作和劳动过程中，所应遵循的与其职业活动紧密联系的道德原则和规范的总和。餐厅服务员要特别注重职业道德的培养，加强个人职业修养，提高职业责任感，树立良好的道德风尚，使自己成为一个敬业、乐业的餐厅服务员。具体来说，餐厅服务员职业道德的主要内容可概括为以下80个字：

忠于职守，爱岗敬业，精通业务，服务顾客；

文明礼貌，热情服务，公平交易，讲求信誉；

锐意进取，开拓创新，重视知识，敢于竞争；

尊师爱徒，团结协作，互敬互爱，共同提高；

遵纪守法，廉洁自律，不徇私情，不谋私利。

三、礼节礼貌

餐厅服务礼节礼貌内容主要包括仪表仪容、站姿站位、优美走姿、微笑服务、文明用语等。

1. 仪表仪容

仪表仪容是餐厅服务员外表、行为特征的反映。具体指服务员在服务中精神面貌、容貌修饰、着装服饰等方面的要求和规范。要求服务员做到：服饰整洁，容貌端庄，姿态优美，举止文明，气质高雅；仪容淡雅自然，可淡妆上岗。在工作中，服务员除手表外，一般不戴饰物。要通过服务员的仪表仪容反映高尚的道德情操、优良的思想品德和文明好客的时代精神。餐厅服务员仪表仪容内涵主要包括：

服装干净，平整无皱，搭配合理，仪容悦人。

精神饱满，容貌焕发，笑容可掬，和蔼可亲。

举止文雅脱俗，礼节合乎场景，动作姿势优美。

服务接待不拘谨，不忸怩，不傲慢，自然亲切，真诚可信。

2. 站姿站位

站姿站位是餐厅服务员必备的服务素质，是做好餐厅服务工作的首要环节，是保持走姿、坐姿的基础，是给予宾客视觉的第一感观，是彰显餐厅服务档次的标志。

（1）站姿的基本要求。站正、稳重、自然亲切、婷婷而立。

站姿的基本要领：上身正直，头正目平，面带微笑，下颏微收，肩平胸挺，提臀收腹，身体重心落于两腿正中，不前蹬后倚，不勾肩搭背。

前腹式站姿：双手自然相握于腹前。

侧放式站姿：两臂自然下垂。

后背式站姿：双手自然相握于背后。

男士站立时，双脚与肩同宽，上体保持正直。女士站立时，双脚呈V字形，双脚和脚后跟要靠紧，脚尖张开约55°～60°。

男士站立时，应表现出男性刚劲潇洒、稳健干练的阳刚之美。女士站立时，应表现出女性轻盈稳重、淑女典雅的职业气质。

（2）站位的基本要求。迎宾员应站在店门两侧，前俯式站姿，迎候宾客。

大厅散座服务员开业时应站在自己分管的餐台旁，前俯式站姿，大厅服务员站立时，应做到成行成线，以示对宾客的尊重，等待宾客到来。

宾客用餐中，服务员可以站在工作台一侧，体察宾客需求，及时提供服务。

3. 优美走姿

餐厅服务员有“日行千里不出屋”之说，既是对服务员劳务性的肯定，更重要的是说明走姿在整个服务工作中所占的份额，优美的走姿可以塑造餐厅高档次服务的氛围。

走姿的基本要求：挺胸、抬头、两眼平视，步距步频要合乎标准。不低头后仰，切忌内八字、外八字。走路要用腰力，具有人体韵律感。

男士行走时，两脚交替前进，两脚尖稍外展。女士行走时，呈“一字步”，两脚踏在一条直线上。

4. 微笑服务

微笑是服务员的天职。微笑服务在餐饮服务中是一种特殊无声的礼貌语言。全球著名的希尔顿饭店把“今天你对顾客微笑了没有”作为治店名言。服务员对待宾客热情、真诚、不卑不亢、大方有礼，是通过服务员的微笑传送的。

微笑服务是服务员独有的表情，是服务员最美的一种表情。微笑服务的价值，带来的是服务员与宾客心灵的相通，是给予宾客最美好的一种感觉。因为心与心的相通是互相理解的第一步。餐厅服务员与宾客之间心灵上的理解与相通，会给宾客留下终生难忘的记忆。

微笑服务的要领：先放松面部肌肉，并将面部肌肉向上提拉，眉宇间打开，嘴角两端微微向上翘起，含笑于面部，具有亲和力。

5. 文明用语

语言是人们交流思想、表达感情的主要工具。服务工作对语言的要求高于其他行业，这是由服务工作特点决定的，因为餐厅服务工作每天与宾客打交道，服务员的每句话都能给对方以一定的反应，并产生一定的效果。餐厅服务用语充分反映服务员的精神境界和道德情操。语言亲切，宾客听了高兴，语言美也能招徕宾客。因此，文明用语是提高服务质量的突破口，是为宾客服务必备的素质。服务用语的基本要求如下：

清晰——吐字清楚，说普通话，音量适中，语速适当，以对方听清为宜。

文雅——用语文明、雅致，要讲究艺术，具有幽默感。与宾客说话保持一米左右的距离。任何场合不说粗话、脏话。

和善——平等待人，语气和蔼，热情善良，措辞委婉贴切，语言简洁明了。

谦恭——尊重对方，诚恳待人，词句朴实，注意使用尊称、敬词、谦词，不骄横，不强词夺理，不恶语伤人。

这里列举一些餐厅常用的服务用语，以供参考，见表1—2。

表1—2　餐厅常用的服务用语

服务用语类别	服务用语内容
招呼语	您好，欢迎光临！ 您好，请您里边坐！ 请您在沙发休息片刻，我马上为您安排！ 让您久等了，请您跟我来！
称谓语	先生（女士），您好！ 对有官职的可称呼官职，如首长、局长、处长、书记、经理等。 对无官职、有社会地位的可称呼职称，×教授、×老、×大师等。
祝贺语	祝您生日快乐！祝您节日快乐！恭喜您！恭候您的到来！
应答语	好的，我马上为您安排！是的，我立刻去办！没关系，这是我应该做的！
席间服务用语	对不起，先生（女士），现在可以点菜了吗？ 我们餐厅属于××风味，我来为您介绍一下菜品！ 您是否品尝一下我们的特色菜？ 如果您不介意，我向您推荐一道××菜。 真对不起，这个菜有点儿费火，需要您多等一会儿。 这是您点的凉菜，这盘是××菜、这盘是××菜。 对不起，现在可以为您上热菜了吗？ 先生（女士），您的菜上齐了，请您慢用！ 我再给您添点米饭好吗？ 这盘菜怎么没动筷呀？我来为您分一下好吗？ 您看，您是否再添点别的？ 先生，对不起，这是您的账单，请您过目，您是付现金，还是刷卡？ 先生，您的餐费是××元，这是您的发票，请您带好，真诚感谢！

续表

服务用语类别	服务用语内容
致谢语	谢谢您的表扬，这是我应该做的！您过奖了，帮助您是我应尽的义务，没关系！
道别语	请您带好自己的东西，慢走！希望您对我的服务多提宝贵意见！再见，欢迎您下次再来！

知识链接

优秀餐厅服务员应具备的工作魅力

1. 热情好客，气质高雅，谈吐文明，阳光心态。

2. “勤”字贯穿服务全程，嘴勤、眼勤、手勤、腿勤、脑勤，具有快捷、高效的服务效率。

3. 把“为宾客服务、对宾客负责”当成己任，视为应履行的服务义务，树立宾客第一的服务意识，具有妥善化解矛盾的应变能力。

4. 把餐厅服务这一职业当成事业去做，做到敬业爱岗，真诚服务，技艺高超，尊师爱徒。

5. 树立成本与效益意识，降低餐酒用具、服务工具、物料用品等的损耗，减少破损，爱护企业的一切设备设施，降低成本，提高效益。

第二单元　餐厅服务员基本技能

模块一　托 盘 服 务

托盘服务是餐厅服务员向宾客提供规范服务的重要技能之一，即餐厅服务员用托盘为宾客派送菜品面点、酒水饮料、餐酒用具的一种文明服务方式。餐厅服务员在摆台、斟酒、上菜等操作过程中，必须运用托盘来完成其基本操作程序。餐厅服务员在为宾客服务中，无论是派送一款菜品，还是递送一双筷子，都必须始终坚持用托盘服务。因此，餐厅服务员在托盘服务中要做到手不离托盘。

一、托盘的类别与使用

1. 托盘的类别

托盘按形状可分为圆形、椭圆形和长方形三种，按质地可分为木质类（用木做胎，用油漆彩绘）、金属类（银质、铜质、铝质、不锈钢质等制品）和塑料类（经防滑工艺处理）三种，按规格可分为大、中、小三种。不同类型托盘的用途也有一定的差异。

2. 托盘的使用

（1）大、中长方形托盘一般用于托送菜点、酒水和盘碟等较重物品。

（2）大、中、小圆形托盘一般用于斟酒、展示饮品、送菜、分菜等，以小圆盘最为常用。

（3）15 cm×10 cm 的小长方形盘则用于递送账单、收款、递送信件等。

二、托盘服务的方法

托盘服务根据所托物品的轻重分轻托、重托两种方法，以下分别介绍。

1. 轻托

轻托要求托盘平托于左胸前，如图 2—1 所示，故也称为胸前托，通常用于端托体积较小、重量较轻的物品，如少量菜品、饮料等；其次还可用来摆台、斟酒和餐具撤换。轻托服务所承物品较轻，重量一般掌握在 5 千克以内。轻托服务的技术要求较高，物品越轻，托盘越飘，易晃动，不易托稳。

2. 重托

重托又称为肩上托，是对较大且重的物品的托送，如图 2—2 所示，需要服务员运用一定的臂力技巧。重托服务一般用于托送多款菜点、酒水饮料、餐饮用具等物品。

图 2—1　轻托

图 2—2　重托

三、托盘服务工作程序

托盘服务工作程序为：

理盘→装盘→起托→行进→落台

1. 理盘（见图 2—3）

理盘即清洁、整理托盘，并根据所托物品的需要选择大小适宜的托盘。

轻托理盘的方法：

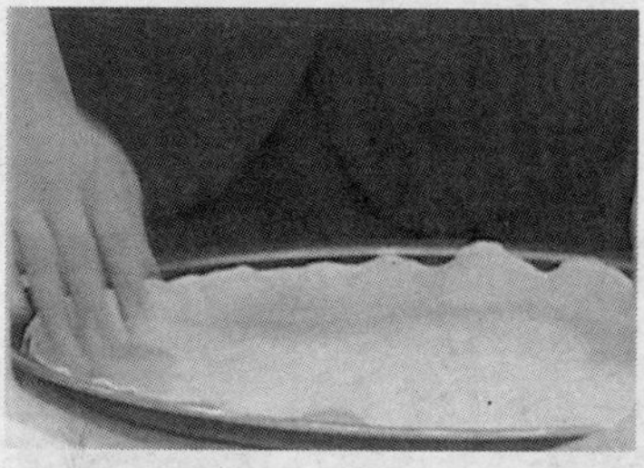

图 2—3　理盘

检查托盘平稳、无变形、完好无损。按卫生要求整理托盘，达到无菌、整洁、美观、安全、方便服务的要求，用毛巾将托盘擦洗干净，保持托盘内无污物、无水迹，将干净的餐巾或托盘垫布平铺于托盘内，垫布的大小与托盘内径相宜，避免物体滑动。若使用方形垫布，其外露下垂部分，四角均等，使整理后的托盘既整洁美观，又方便实用。

重托理盘的方法：

重托理盘的方法与轻托理盘的方法相同，但是，重托由于所托的物品比较大，因此，应选择大小适宜的托盘。重托往往用于端送液态、汤汁较多的食品，托前要将盘内残渣及时清洗干净，做好清洁工作，避免物品滑动。

2. 装盘（见图 2—4）

装盘是托盘服务的关键环节，指的是根据物品的形状、重量、体积和使用的先后次序协调合理摆放于托盘中。

轻托装盘要求：

除骨碟、汤碗类外，一般餐具、物品要求平摆，并根据所用的托盘形状码放。用圆托盘时，码放物品应呈圆形，用方托盘时横竖成行；但二者的重心应在托盘的中心部分，摆放均匀，保持重心，先用的在前，后用的在后。

重托装盘的要求：

托盘内的物品分类码放，均匀得体，使物品重量在盘中分布均匀，注意安全、稳妥、取用方便。切忌所有物品不分大小、形状、体积混装，切忌将物品无层次地混合摆放，以免造成餐具破损。装盘时，要使物与物之间留有适当的间距，以免行进中物品碰撞，发出声响。

3. 起托（见图 2—5）

起托是将摆放各种物品的托盘托在左手掌上。

图 2—4　装盘

图 2—5　起托

轻托起托的方法：

左侧大臂垂直，小臂垂直于左胸前成 90°角，肘与腰部距 15 厘米。左手掌伸平，五指打开，手掌成凹形，掌心不触盘底，用右手将托盘拉出台面至 1/2 处，左手五指用力将托盘托起，将托盘的外侧担在左手小臂上。使手掌与托盘底托实，这样才能全部掌握托盘的重心，一旦出现意外，能及时躲闪避让。

重托起托的方法：

双手将托盘移至服务台边沿，使托盘的 1/3 悬空，右手扶托，左手托盘，将托盘托平，五指分开，掌心向上平托住托盘中心的底部，双脚分开，呈外八字形，双腿下蹲，腰部向左前方弯曲，左手五指用力将托盘托起，左手确定重心后，右手协助左手向上，用力将托盘慢慢托起。在托起的同时，向左后旋转 180°，使托盘在左旋转过程中送至左肩外上方。此时左手指尖向后，托盘距肩 2 厘米处，托实、托稳后再将右手撤回，呈下垂姿势。要做到盘底不搁肩，盘前不靠嘴，盘后不靠发；然后右手松开自然下垂摆动。

★小提示

托盘一经托起，要始终保持均匀用力，将托盘一托到底。否则，由于用力不均，易出现物品歪、撒、掉、滑等现象。

4. 行进（见图 2—6）

托盘服务行进的要求：

头正臂平、上身直立稍前倾、注视前方、脚步轻缓、动作敏捷、步伐稳健、视线开阔。托盘时，手腕转动轻松、灵活，使盘面随行走步伐的节奏上下微动，切忌盘面左右或前后晃动。必须左臂用力，不可用腰力支撑。不可出现僵硬和托盘摆动幅度太大而出现不美观、不高雅的动作。

图 2—6　行进

餐厅服务员根据所托物品，行进时，可选择常步、快步、碎步、跨步、垫步、巧步等步伐。

知识链接

托盘行进的步伐

◇ 常步：步距均匀，快慢适当，为常用步伐。
◇ 快步：急行步，步距小，步速较快，上身保持平稳。
◇ 碎步：小快步，步距小，步速快，上身保持平稳。

◇ 跨步：又称为跑楼梯步，身体向前弯曲，重心前倾，步距较大，一步跨两级台阶，一步紧跟一步，上楼梯速度要快，而且步速均匀，巧妙地利用身体和托盘运动的惯性，既快又省力。

◇ 垫步：需要侧身通过时，右脚侧一步，左脚跟一步，一步紧跟一步。

◇ 巧步：指超出常规行走的灵活多变的步伐。

5. 落台（见图 2—7）

当物品送到餐厅时，服务员应将托盘小心地放在已选择好的位置，双手将盘端至桌前，左手手指应随盘中重量的变化轻缓移动，以掌握好托盘的重心，保持托盘平衡。从盘中把物品取下时，应从左右两侧交替拿取。

图 2—7　落台

四、托盘服务应注意的问题

无论是轻托，还是重托，在托盘服务中都应注意以下问题：

1. 托盘服务时，要掌握好姿势，做到站稳、托平、托举到位，高矮适中。

2. 托盘服务时，要注意卫生，轻托时，所托物品要避开自己的鼻、口部位，不可将所托物品放在胸下。重托时，托盘服务姿势要正确，托举到位，不可将所托物品贴靠于自己的头、颈部位。

3. 根据托送的物品不同，选择适宜的行进步伐。

4. 托盘服务行进时，双脚行走应成一条直线，步伐均匀，稳步行进，并做到快在稳中求。

5. 托盘服务时，要精神集中，上身保持直立，动作轻快敏捷，视野开阔，眼睛余光兼顾左右，遇到宾客要文明礼让。

6. 托盘服务时，要用左手托盘，右手下垂，只有在起托和落台时，才可以右手扶托，行进中不得右手扶托。右手扶托存在弊端：一是不雅观，二是遮挡行走时的视线，三是容易造成失误。

模块二　餐巾折叠

餐巾折叠是用餐巾折成的各种造型，放在水杯中或放在餐盘内，供宾客在进餐过程中使用。餐巾折叠是餐前的准备工作之一，是餐厅服务员必须掌握的宴会摆台技能之一，是餐厅服务员美化台面的艺术创造。在通常情况下，餐巾折叠的花形需要达到以下要求：

简单美观，层次分明，造型生动，形象逼真；
各具特点，刻意求新，变化多样，方便使用。

一、餐巾的分类

餐巾又称为口布、茶巾、茶布、席巾、花巾等，既是餐厅中常备的一种卫生用品，又是一种装饰、美化餐台的艺术品。它可以烘托宴会气氛，可以用来表明主人、主宾的席位，有时还可以起到广告宣传的作用。根据不同的分类标准，可对餐巾进行不同的分类。

1. 按质地可分为棉织品和化纤织品

棉织品餐巾吸水性较好，去污力强，浆熨后挺括，造型效果好，适用于一次折叠，但每次用完后均需洗净、熨烫。

化纤织品色泽艳丽，透明感强，富有弹性，如不能一次造型，可以二次造型，但是吸水性差，去污力次于棉织品。

2. 按颜色可分为白色与彩色

白色餐巾给人以清洁卫生、恬静优雅之感。它既可以调节人的视觉平衡，也可以稳定人的情绪。

彩色餐巾可以渲染就餐气氛，如大红色、粉红色餐巾给人以庄重、热烈的感觉，橘黄色、鹅黄色餐巾给人以高贵、典雅的感觉，湖蓝色餐巾在夏天能给人以凉爽、舒适之感。

二、餐巾折叠的注意事项

1. 操作前双手要消毒。

2. 在干净的大瓷盘中操作，操作时不得用嘴咬。

3. 折花时，操作手法要正确，手腕要灵活，用力得当；角度估算要准，折叠要均匀，力争一次折成。折花要简单美观，拿取方便，造型生动，形象逼真。

4. 折花入杯时，手指不要碰杯口，杯身不得留下指纹。

5. 餐巾折叠放在杯中的高度，以水杯上2/3处为宜。

三、餐巾折叠造型种类

1. 按摆放方式不同可分为杯花和盘花

盘花造型完整，成型后不会自行散开，可放于盘中或其他盛器及桌面上，如图2—8所示。

盘花简洁大方，美观实用。

a)

b)

图2—8 盘花

杯花造型别致，品种繁多，形象逼真，需要插入杯中才能完成造型，出杯后花形即散，如图 2—9 所示。

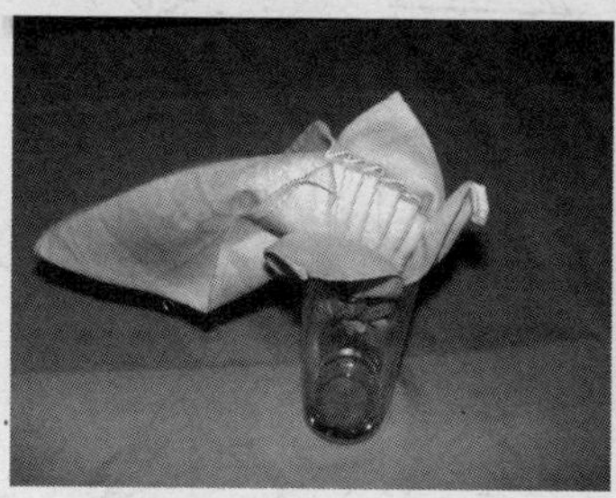

a)

b)

图 2—9　杯花

2. 按餐巾花的外观造型不同，可分为植物类、动物类和实物类

植物类是指花草和蔬菜类。

动物类是指各种飞禽走兽。

实物类是指模仿实物的形态折叠而成的花形。

四、餐巾折叠的基本技法

餐巾折叠的基本技法主要有叠、折、卷、翻、捏、掰。

1. 叠（见图 2—10）

叠是餐巾折叠最基本的技法。

基本手法：

将餐巾平等取中一折二、二折四、单层或多层叠，或成正方形、矩形，或是斜叠成三角形、菱形、梯形、锯齿形等各种几何图形。

叠的要领：

要熟悉基本造型，叠前算好角度，一次叠成。避免反复，以免餐巾上留下一条褶痕，影响餐巾美观。

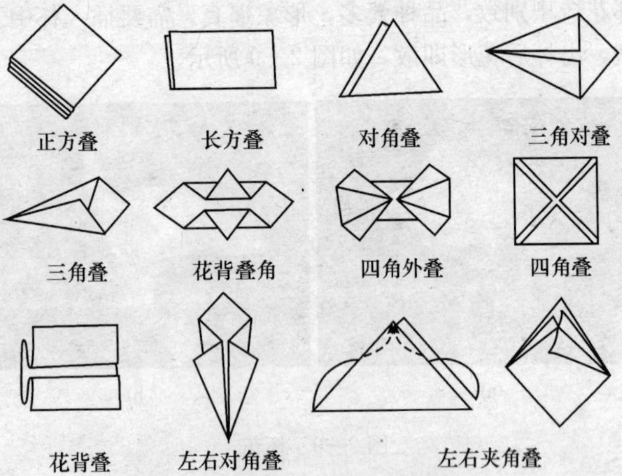

a)

b)

图 2—10　叠

a）叠的技法　b）用叠的方法折的餐巾花——单尾鸟

2. 折（见图 2—11）

基本手法：

将餐巾叠面折成褶子的形状，使花形层次丰富、紧凑、美观。折褶时，用双手的拇指、食指握紧餐巾，两个大拇指相对成一线，指面向外，指侧面按紧餐巾推折，中指控制好下一个折裥的距离，拇指、食指指面握紧餐巾向前，推折到中指处，中指再腾出去控制下一个折裥的距离，三个手指互相配合，向前推折。

折可分为直线折或斜线折，可折成一头大、一头小的裥，也可折成半圆形或圆弧形，每道裥宽度一般在 2 厘米左右。

要领：

折成的裥子要均匀整齐。

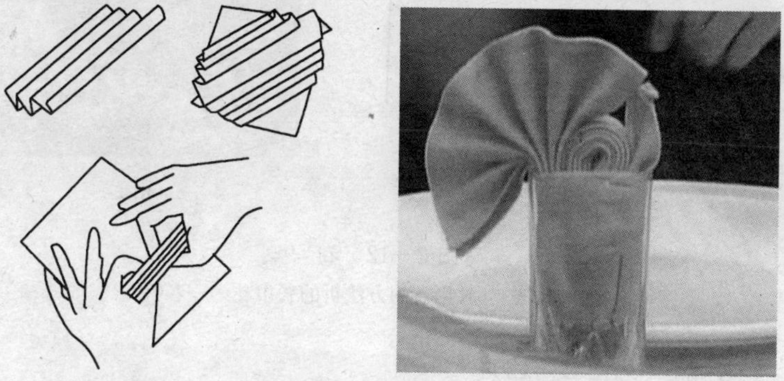

a) b)

图 2—11 折

a）折的技法 b）用折的方法折的餐巾花——凤琴鸟

3. 卷（见图 2—12）

卷是指将餐巾卷成圆筒并制出各种花形的手法，具体可分为直卷和螺旋卷两种手法。

基本手法：

直卷是指将餐巾两头平行一起卷拢，要求卷得平直，包括单头卷、双头卷和平头卷。

螺旋卷有两种折法，一种是先将餐巾折成三角形，由餐巾一侧卷起，另一种是将餐巾一头固定，卷另一头，或一头多卷，一头少卷。

要领：

无论是直卷，还是螺旋卷，餐巾都要卷紧，如卷得松，就会在后面折花中出现软折。

a)

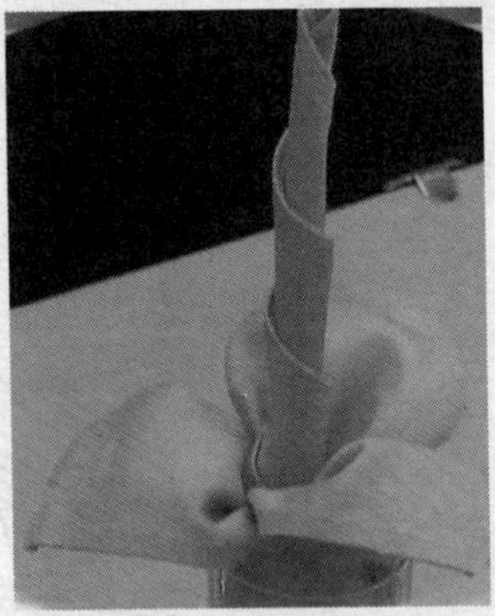

b)

图 2—12 卷

a）卷的技法 b）用卷的方法折的餐巾花——春笋

4. 翻（见图 2—13）

基本手法：

在折制过程中，将餐巾经过折、卷之后的部位翻成所需要的造型。将餐巾的巾角从下端折至上端、两侧向中间翻折、前面向后面翻折，或者将夹层里面翻到外面等，以构成花、叶、芯、翅、头、颈等形状。翻花卉的叶子时，要注意对称的叶子大小一致，间距相等。

要领：

注意大小适宜，自然美观。

5. 捏（见图 2—14）

捏主要是做鸟的头部或其他动物的头部所使用的方法。

基本手法：

操作时，用一只手的拇指、食指、中指进行。先将餐巾一角的上端捏起做头颈，然后用食指将巾角尖端向里压下，用中指与

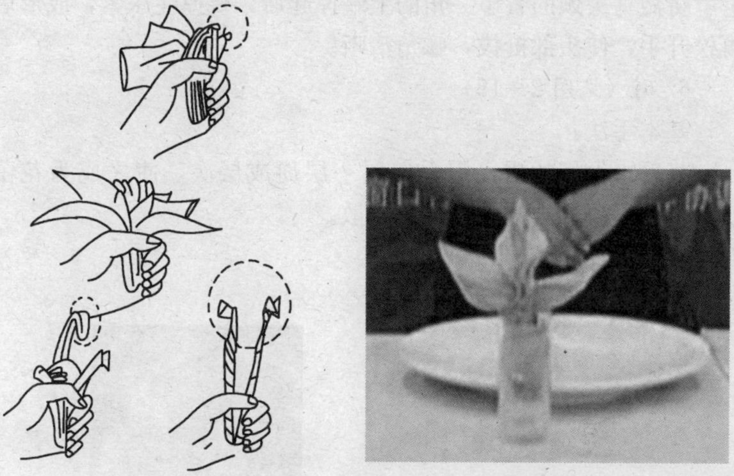

a)　　　　　　　　b)

图 2—13　翻

a）翻的技法　b）用翻的方法折的餐巾花——牡丹花开

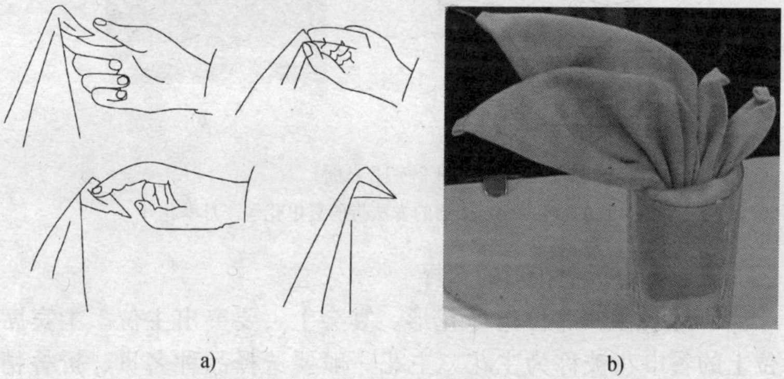

a)　　　　　　　　b)

图 2—14　捏

a）捏的技法　b）用捏的方法折的餐巾花——心心相印

拇指将压下的巾角捏紧，捏成一个鸟头。

要领：

将做鸟头颈的餐巾一角的上端捏起后，要捏住压紧，成形后再松开手，使头部挺拔，喙角清晰。

6. 掰（见图 2—15）

基本手法：

将餐巾做好的褶，用手一层一层掰成层次，使之成为花蕾状。掰时不要用力过大，以免松散。

要领：

层次分明，间距均等。

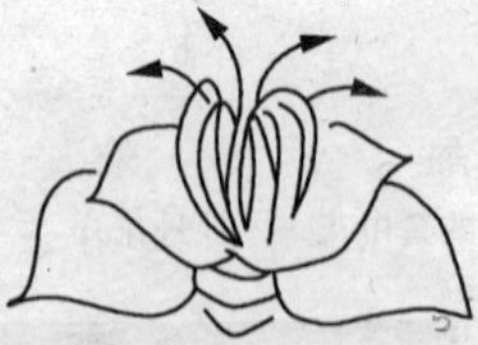

a) b)

图 2—15 掰

a）掰的技法 b）用掰的方法折的餐巾花——月季花开

五、餐巾折叠花形的选择

1. 根据主宾席位选择花形。宴会上，要突出主位。主宾席位上的餐巾花被称为主花，主花一般要选择品种名贵、折叠精细、美观醒目的花形，以达到突出主位、尊敬主宾的目的。

2. 根据宴会的性质、规模、规格选择花形。一般大型宴会可选用简单、挺括、美观的花形，但主桌的花形与其他桌的花形要区分开，如主桌的折花可用十种不同的花形，其他桌可用统一的花形，但主位的花要有所区分。小型宴会可以同一桌上使用各种不同的花形，形成既多样、又协调的布局。如以欢迎答谢表示友好为目的的宴会餐巾花可设计成友谊花篮、和平鸽等。

3. 根据宾客的宗教信仰、风俗习惯选择花形。

4. 根据花式冷拼选用与之相配的花形，如冷拼是“游鱼戏水”，餐巾花则可以选用“金鱼”造型。

5. 根据时令、季节选择花形。用台面上的花形反映季节特色，使之富有时令感。

六、餐巾折叠花形摆放的艺术性

1. 主花要摆放在主位上。主花摆在主位，一般餐巾花摆在其他宾客席上，但是要高低均匀，错落有致，达到一种视觉艺术的美。

2. 将折花观赏面朝向宾客。摆放折花，要使宾客正面观赏，如孔雀开屏、和平鸽等花形，要将正面朝向宾客。适合侧面观赏的，要将最佳观赏面朝向宾客。

3. 相似花形错开摆放。在一个台面上摆放不同品种花形时，形状相似的花形要错开，对称摆放。

4. 折花摆放要注意搭配。例如，动物、植物类花形的搭配，动物与食物类花形的搭配，如果是动物造型，头部要朝向宾客。

5. 观赏与实用并重。各种餐巾花之间间距要均匀，不同花形高低、大小搭配合理。既方便宾客观赏使用，又要做到花不遮餐具，不妨碍服务操作。

6. 台面整体协调一致。无论是大型宴会，还是小型宴会，要高矮相间布置，把一个台面或一组台面当做一个整体来布置。

模块三　摆　　台

摆台，是指对宴席所需要的各种餐具、酒具及用具按照规范要求摆设，是餐厅服务员的基本技能，包括餐桌布局、铺设台布、安排席位、准备用具、摆放餐具、美化席面等。摆台形式大致可分为中餐摆台和西餐摆台两种。根据用餐形式的不同，摆台时所用餐具的数量也不一样。

这里着重介绍铺设台布和中西餐摆台的基本方法。

一、铺设台布

1. 铺设台布的基本方法

铺设台布的基本方法主要有抖铺式、推拉式和撒网式三种。

(1) 抖铺式（见图 2—16)。服务员站在第二主人位处，用双手将台布打开，平行打折后，手腕用力，将台布一次抖开，平铺在餐台上，这种方法适于宽大的场地和服务员餐前准备工作中的铺台。

图 2—16　抖铺式铺台

(2) 推拉式（见图 2—17)。服务员站在第二主人位处，用双手将台布打开，放在餐台上，平行打折后贴餐台推出去再拉回来。这种铺台方法多用于零点餐厅或较小的餐厅。如宾客已就座于餐台四周等候用餐，适宜用这种铺台方法。

(3) 撒网式（见图 2—18)。服务员站在第二主人位处，用双手将台布打开，平行打折后提起，右脚在前，左脚在后，上身向左转体，双臂倾斜朝着第一主人位的方向，向前抛抖出去，当台布铺至餐台时，身体回位，使台布平铺在餐台上。这种铺台方法多用于宽大的场地或技术表演场合。

图 2—17　推拉式铺台

图 2—18　撒网式铺台

2. 铺圆形餐台的程序

(1) 确定席位（见图 2—19）。服务员确定主人席位时，应根据餐厅具体环境而定。一般主人席位应设在面向餐厅正中的位置，或是餐厅最突出的位置和有重要装饰面前方正中的位置。副主人位安排在主人位的正对面。

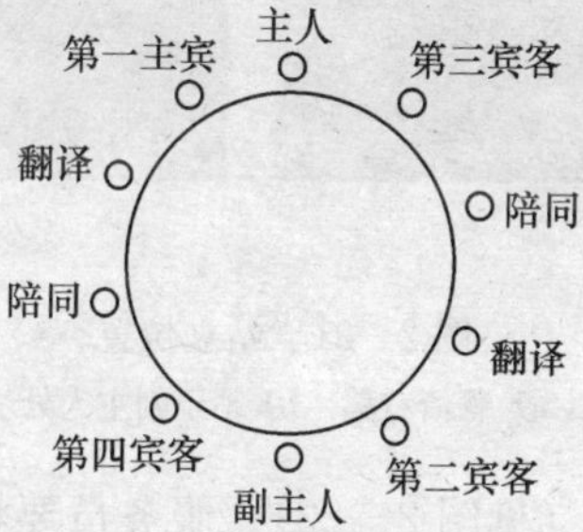

图 2—19　中餐单桌宴会宾主位次图

(2) 检验台布。铺台布之前，应将餐椅按人数“三三二二”围放在餐台四周，如图 2—20 所示。服务员的双手要洗净、消毒，认真检查每块台布，要求无破损，无油迹，熨烫平整。将选好的台布放在餐台上。

图 2—20　餐椅对称摆放图

（3）站立位置（见图 2—21）。服务员应先将副主人位餐椅拉开，放在右侧餐椅后侧，然后站在副主人处，身体距桌边约 40 厘米的位置上。

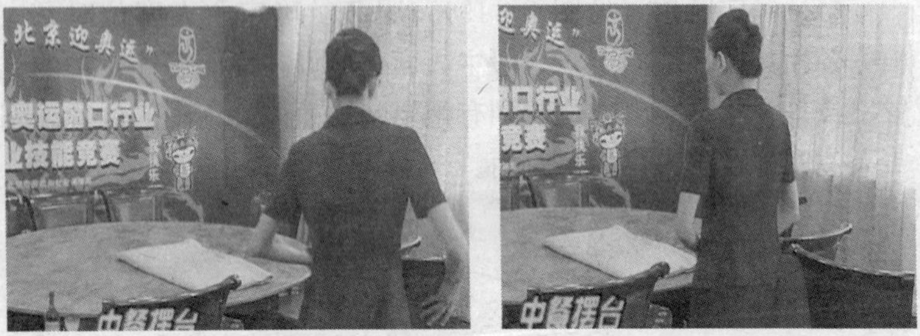

a)　　　　b)

图 2—21　站立位置

a）餐椅右移　b）站于副主人处

（4）操作要求（见图 2—22）。服务员要将台布的中线鼓缝、正面朝上，根据具体环境，选择合适的铺设台布的方法。铺台布时，应做到中线鼓缝对准正、副主人席位，台布下垂部分不能接触地面，台布中间十字折纹的交叉点落在餐台的圆心上，台布的图案、花纹应在餐台正中。

图 2—22　铺台完成

★**小提示**

台布铺好后，应将拉出的餐椅回归原位。

3. 铺方形餐台

铺设方形餐台时，一般采用正方形铺台和斜方形铺台两种方法。

（1）正方形铺台。台布正面朝上，中线鼓缝落在餐台正中。下垂部分与地面均等，台布四角不能接触地面。

（2）斜方形铺台。台布正面朝上，中线鼓缝与方桌的对角线平行，四角下垂部分均等，不能接触地面。

4. 铺长方形餐台

将台垫铺好后，再把台布铺在台垫上。台布正面朝上，中线鼓缝应落在餐台中线上。台布两侧下垂部分的长度要求一致。

二、中餐宴会摆台

1. 摆台要求

服务员在操作前，要将双手洗净消毒，然后对所需用的餐具、酒具、用具及各种物品进行检查，不得使用残损的餐具、酒具，确保完好率。

2. 摆台标准

中餐宴会摆台通常以 10 人为标准，使用直径 180 厘米的餐台，摆放各种餐具、酒具要相对集中，配套使用，摆放时距离要均等，图案花纹、标志要对正，做到清洁卫生，整齐美观，符合规范标准，方便宾客使用。

3. 摆台需用的物品

以 10 人位宴会摆台需用的餐具、酒具、各种物品的准备，见表 2—1。

表 2—1　10 人位中餐宴会标准摆台物品准备单

序号	品名	规格（厘米）	数量	备注
1	中餐圆台	直径 180	1 张	
2	台布	220×220	1 块	
3	餐巾	50×5 0	10 块	
4	防滑托盘	40×40	2 个	
5	骨碟		12 个	
6	勺垫		10 个	
7	小瓷勺		10 把	
8	葡萄酒杯		10 个	
9	白酒杯		10 个	
10	水杯		10 个	
11	筷子架		10 个	
12	筷子		12 双	
13	公用勺		2 把	不锈钢
14	牙签盅		2 个	
15	烟灰缸		5 个	

注：烟灰缸可视宾客需要提供。

4. 摆台的顺序

服务员摆台时，可以用托盘分为五次摆放，见表 2—2。

表 2—2　　10 人位中餐宴会标准摆台顺序

摆放顺序	物品名称与数量
第一托	骨碟 10 个、勺垫 10 个、小瓷勺 10 个
第二托	葡萄酒杯 10 个、白酒杯 10 个
第三托	筷架 10 个、筷子 12 双、公用碟 2 个、公用勺 2 个、牙签盅 2 个
第四托	水杯 10 个、摆放已折叠好的餐巾
第五托	烟灰缸 5 个（可以不摆，视客人需要提供）

注：烟灰缸可视宾客需要提供。

5. 餐具、酒具摆放的规则

（1）摆骨碟。从正主人位开始，按顺时针方向依次摆放，正副主人位的骨碟应摆放于台布中线中心的位置，碟距桌边 1 厘米，图案或标志要对正宾客。

（2）摆勺垫、瓷勺。勺垫摆在骨碟的正前方，勺垫边沿距骨碟边沿 1 厘米，瓷勺摆放勺垫的中心位置，勺把朝右。至此，第一托完成，如图 2—23 所示。

图 2—23　第一托

（3）摆酒具。葡萄酒杯杯柱应对正餐碟中心，杯子底边距勺垫边 1 厘米，白酒杯摆在葡萄酒杯右侧，杯与杯距离 1 厘米，酒具如有花纹要对正宾客。至此，第二托完成，如图 2—24 所示。

（4）摆筷架和筷子。筷架应放在骨碟右侧、勺垫与酒杯的中心位置（例如，骨碟的规格大，可往下进行调整）。筷子放在筷架上，筷柄末端距桌边 1 厘米，筷身距离勺把末端 1 厘米。

（5）摆公用碟、公用筷和公用勺。公用碟应放在正、副主人席位的正前方，碟边距葡萄酒杯底托 2 厘米，公用勺放在靠近桌

图 2—24　第二托

心一侧，公用筷放在靠桌边一侧，勺柄朝左，筷柄朝右，成为对称形，勺与筷子之间距离 1 厘米，筷子出餐碟部分两侧相等。10 人以下摆两套公用餐具，12 人以上摆 4 套，其中两套摆在台布的十字线两端，应呈“十”字形。如果宾客人数少，餐台小，可在正、副主人餐具前摆放公用筷架及筷子。至此，第三托完成，如图 2—25 所示。

图 2—25　第三托

（6）摆牙签盅。牙签盅应摆放在公用碟右侧，不超出筷柄末端，前不出公用碟的外切线。

（7）摆放水杯及餐巾。将叠好的餐巾花放在水杯中，摆在葡萄酒杯左侧，三套杯中心应横向成为一条直线，水杯距葡萄酒杯

1 厘米，将餐巾折叠的观赏面朝向宾客。至此，第四托完成。

(8) 摆烟灰缸。从正主人席位右侧开始，每隔两个座位摆放一个，烟灰缸前端应与水杯外切线平行。烟道要朝向两侧的宾客。至此，第五托完成。

(9) 摆餐椅。从主人席位依次摆放，餐椅前端与下垂的台布平行，餐椅之间的距离要相等。此时餐台效果如图 2—26 所示。

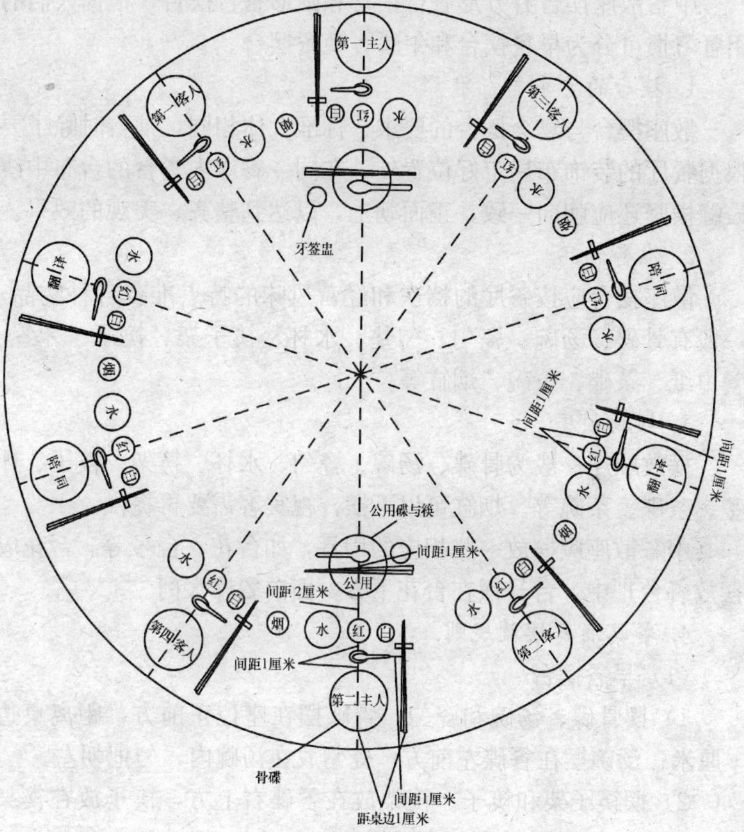

图 2—26　10 人位中餐宴会标准摆台图示

(10) 摆菜单。10 人以下摆放两张菜单，分别摆放正、副主人席位左侧。平放时菜单底部距桌边 1 厘米，立放时菜单开口处分别朝向正、副主人。12 人以上摆四张菜单，呈“十”字形。

(11) 摆台号。大型宴会应摆放台号。一般摆放在每张餐台下首。台号朝向宴会厅的入口处，使宾客进入餐厅就能看到并及时入席。摆台完毕，应再检查一下，如不够规范标准，可加以调整。

三、中餐散座摆台

中餐散座摆台有方形餐台摆台和圆形餐台摆台，根据人们的用餐习惯可分为早餐摆台和午餐、晚餐摆台。

1. 摆台的要求与标准

散座摆台与宴会摆台的要求、标准大体相同，铺台时除了要根据餐厅的装饰布局定好位置外，在同一餐厅内餐台的台布中线鼓缝横竖还应朝向一致，正面朝上，以达到整齐、美观的效果。

2. 准备物品

散座摆台应按餐厅的档次和经营风味的特点准备各种物品。一般有骨碟、汤碗、瓷勺、勺垫、水杯、筷子架、筷子、牙签、餐巾纸、茶碟、茶碗、烟缸等。

3. 摆放顺序

摆放顺序一般为骨碟、汤碗、瓷勺、水杯、筷架、筷子、牙签、茶碟、茶碗等。烟缸可以不摆，视宾客需要再提供。

中餐散座应摆放一些相应的用具，如台花、台号等。台花应摆放餐台正中，台号摆在台花下方，面向餐厅大门。

4. 餐具酒具摆放规则

(1) 早餐摆台

1) 摆骨碟、汤碗和瓷勺。骨碟摆在座位正前方，距离桌边 1 厘米；汤碗摆在餐碟左前方，瓷勺放在汤碗内，勺把朝左。

2) 摆筷子架和筷子。筷架放在餐碟右上方，筷子放在筷架上，图案、标识要对正，筷柄距桌边 1 厘米。

3) 摆牙签。牙签摆在筷子的里侧。

(2) 午餐、晚餐摆台。午餐、晚餐的餐具摆放与早餐基本相同，只需增加一个水杯，水杯内放入餐巾折叠或餐巾纸，摆放在骨碟正前方，骨碟右侧摆上茶碟和茶碗，茶碗扣放在茶碟内。其他餐具、酒具及公用餐具应等宾客入座后，根据需要随时增加。

（3）4人位零餐方桌摆台。方桌和圆桌餐、酒具的摆放相同，不同之处是公用餐具摆在主人席位右侧，公用勺和公用筷斜放在公用碟内，勺与筷子相距1厘米，筷子在里，勺在外。调味架或酱油壶、醋壶放在副主人席位右侧，酱油壶、醋壶的壶嘴朝向桌心，壶柄朝外。牙签盅放在酱油壶、醋壶的里侧，相距2厘米，烟灰缸的架烟槽分别朝向两侧客人，如图2—27所示。

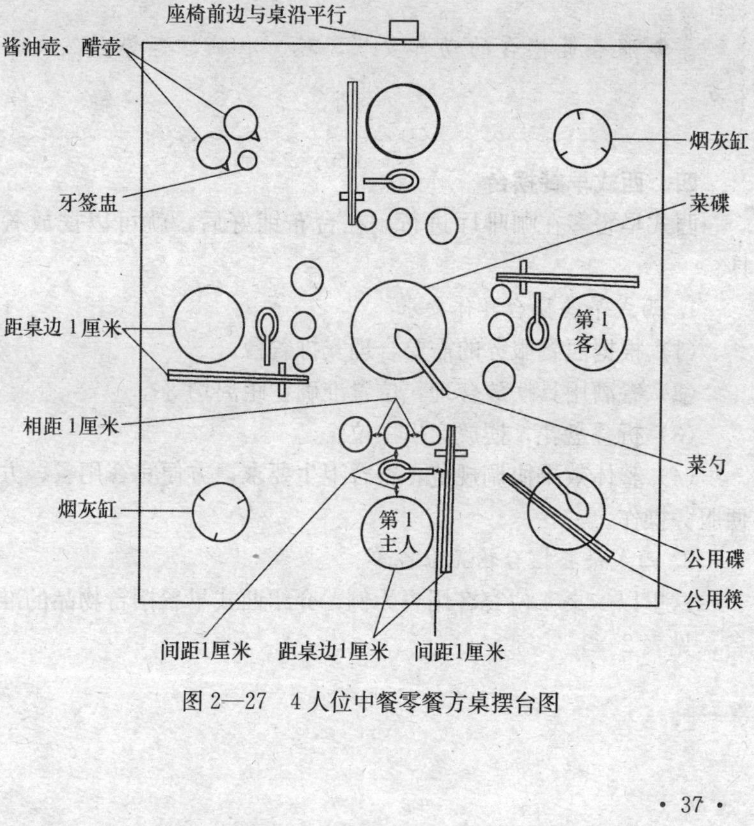

图2—27　4人位中餐零餐方桌摆台图

服务贴士

摆台服务应注意的问题

◆服务员摆放各种物品时，应注意操作卫生，要始终使用托盘。如摆放骨碟、餐碗时，要拿边缘；摆瓷勺时，拿勺柄；摆放酒具时，拿杯子下半部或杯柱，手不能触及杯口。

◆摆台过程中，要从主人席位开始，按顺时针方向操作。

◆服务员摆台的动作要轻、稳、准确，姿势自然大方。

四、西式早餐摆台

西式早餐多在咖啡厅进行，在台布铺好后，就可以摆放餐具。

1. 西式早餐摆台具体要求

（1）根据西餐服务的需要合理安排餐台。

（2）餐酒用具摆放合理，位置准确，距离均等。

（3）折叠盘花，摆放突出主位。

（4）整体效果协调规范，符合卫生要求，方便宾客用餐，方便服务操作。

2. 西式早餐摆台物品准备单

这里以一桌4位宾客用餐为例，介绍西式早餐摆台物品的准备，见表2—3。

表 2—3　4 人位西式早餐摆台物品准备单

序号	设备名称	规格（厘米）	数量	
1	方形餐台	120×120	1 张	
2	台布	180×180	1 块	
3	餐巾	50×50	4 块	
4	餐椅		4 把	
5	服务桌	50×80	1 张	
6	展示盘	直径 30	4 个	
7	主餐刀		4 把	
8	主餐叉		4 把	
9	面包盘	直径 18	4 个	
10	黄油盘	直径 7	4 个	
11	黄油刀		4 把	
12	咖啡杯		4 个	
13	咖啡盘	直径 10	4 个	
14	咖啡勺		4 个	
15	甜食勺		4 把	
16	水杯		4 个	
17	冰水瓶		1 只	
18	花瓶		1 个	
19	椒盐瓶		1 副	
20	烟灰缸		1 个	
21	托盘	直径 40	1 个	

3. 西式早餐摆台操作步骤

(1) 铺台。台布应干净，熨烫平整，无破损且尺寸适当。铺台时，服务员站立于餐台长侧边，将台布横向打开，双手捏住台布一侧边，将台布送至餐台另一侧，然后将台布从餐台另一侧向身体一侧慢慢拉开。台布应中线股缝向上，四周下垂部分均等。双手消毒摆餐具。

（2）摆展示盘。展示盘摆放在餐位的正前方，盘边距餐台边缘1厘米处。展示盘上如有店徽或图案，则店徽或图案必须保持在正上方。

（3）摆面包盘、黄油碟。面包盘摆放在展示盘左侧距主餐叉1厘米处，面包盘与展示盘中心轴取齐，黄油碟摆在面包盘右前方距面包盘1.5厘米处，图案要摆正。

（4）摆主餐刀。展示盘的右侧摆放主餐刀，主餐刀距展示盘1厘米，刀刃向左，柄端距餐台边缘1厘米。

（5）摆主餐叉。展示盘的左侧1厘米处摆放主餐叉，叉柄端距餐台边缘1厘米，主餐叉与主餐刀平行。展示盘正上方1厘米处摆放甜食勺，勺头向左。

（6）摆黄油刀。黄油刀斜放在面包盘上，刀刃向左。黄油刀中心线与面包盘中心线吻合，刀柄朝下方，与面包盘水平线成45°角。

（7）摆水杯。水杯摆放在主餐刀上方约2厘米处。带垫盘的咖啡杯、咖啡勺摆在主餐刀右侧1厘米处，咖啡碟与展示盘的中心轴取齐。

（8）折、摆盘花。双手消毒，在工作台操作，在干净的大瓷盘中完成折叠，将折叠好的盘花摆放在展示盘的正中。餐巾花造型要美观，餐巾颜色统一、卫生洁净。

（9）摆花瓶、椒盐瓶、烟灰缸。餐台中央摆放花瓶、椒盐瓶，盐瓶与胡椒瓶相距0.5厘米，椒盐瓶与花瓶相距2厘米，椒盐瓶要按照“左椒右盐”顺序对称摆放，烟灰缸距花瓶2厘米。餐台上所有餐具摆放要均匀、对称、美观。

（10）围餐椅。餐椅与展示盘对正，距台布1厘米，台布自然下垂，下垂部分均等。

摆台完成后，所形成的餐具和餐台用品位置分别如图 2—28 和图 2—29 所示。

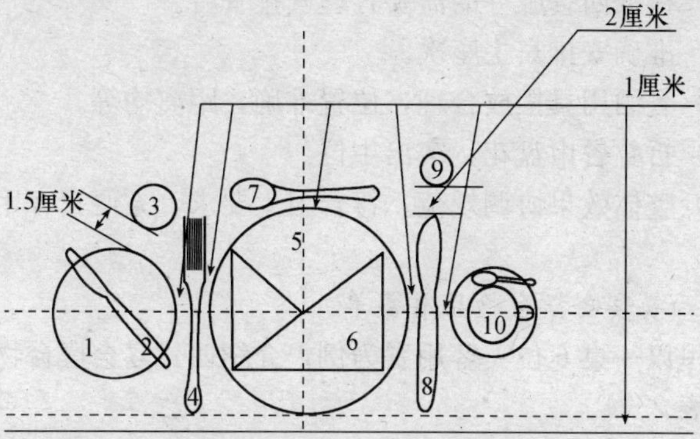

图 2—28　4 人位西式早餐餐具摆放图

1—面包盘　2—黄油刀　3—黄油碟　4—主餐叉　5—展示盘　6—餐巾花　7—甜食勺　8—主餐刀　9—水杯　10—咖啡具

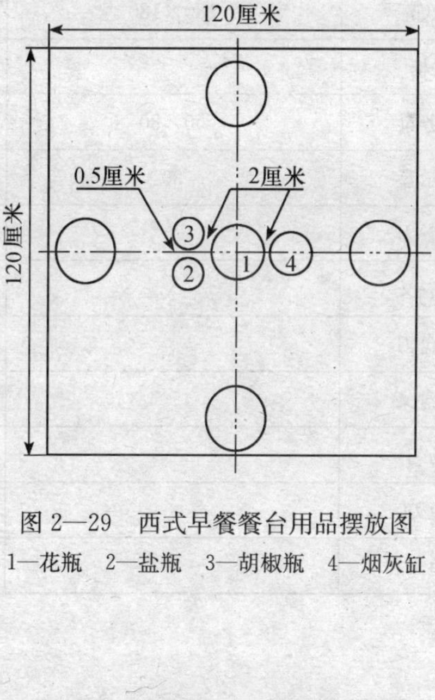

图 2—29　西式早餐餐台用品摆放图

1—花瓶　2—盐瓶　3—胡椒瓶　4—烟灰缸

五、西餐宴会摆台

1. 西餐宴会摆台具体要求

（1）根据西餐服务的需要合理安排餐台。

（2）准确安排宾主座次。

（3）餐酒用具摆放合理，位置准确，距离均等。

（4）折叠餐巾盘花，突出主位。

（5）整体效果协调规范，符合卫生要求，方便宾客用餐和服务操作。

2. 西餐宴会摆台物品准备单

这里以一桌 6 位宾客用餐为例，介绍西式宴会摆台物品的准备，见表 2—4。

表 2—4　　6 人位西餐宴会摆台物品准备单

序号	名称	规格（厘米）	数量
1	长方形餐台	120×240	1 张
2	台布	180×180	2 块
3	餐椅		6 把
4	服务桌	50×80	1 张
5	展示盘	30	6 个
6	主餐刀		6 把
7	主餐叉		6 把
8	头盘刀		6 把
9	头盘叉		6 把
10	汤勺		6 把
11	鱼刀		6 把
12	鱼叉		6 把

续表

序号	名称	规格（厘米）	数量
13	面包盘	直径 12	6 个
14	黄油刀		6 把
15	点心叉		6 把
16	点心勺		6 把
17	水杯		6 个
18	红葡萄酒杯		6 只
19	白葡萄酒杯		6 只
20	花瓶		1 个
21	椒盐瓶		2 副
22	蜡烛台		2 个
23	烟灰缸		2 个
24	托盘	直径 50	2 个
25	餐巾	50×50	6 块
26	冰水壶		1 只
27	红酒篮		1 只

3. 西餐宴会摆台操作步骤

（1）铺台。宴会铺台要根据餐台面积选用适当的台布，台布应干净平整，无破损。西餐长台铺台时，一般都要二人合作。

铺“一”字形台时，服务员站在餐台长侧边，将台布横向打开，双手捏住台布一侧边，将台布送至餐台另一侧，然后将台布从餐台另一侧向身体一侧慢慢拉开。铺台完成后，检查台布是否做到中线股缝向上，四周下垂部分均等。

较大“一”字形台、“U”形台或“T”形台，需要几块台布拼铺在一起。拼铺时，要求两块或多块台布的股缝方向一致，连接的台布边缘要重叠，台布下垂部分要平行相等。

（2）摆展示盘。展示盘摆放在餐位正前方，距餐台边缘1厘米处，展示盘上如有店徽或图案，则店徽或图案必须保持在正上方的位置。

（3）摆面包盘、黄油碟。面包盘摆放在展示盘左侧10厘米处，面包盘与展示盘的中心轴取齐。黄油碟摆在面包盘右前方，距面包盘1.5厘米，图案摆正。

（4）摆主餐刀。展示盘右侧摆放主餐刀，主餐刀距展示盘1厘米，餐刀刀刃向左，柄端距餐台边缘1厘米。鱼刀、头盘刀、汤勺摆放间距0.5厘米，手柄距桌边1厘米，刀刃向左，勺面向上。

（5）摆主餐叉、鱼叉、头盘叉。展示盘左侧1厘米处摆放主餐叉，叉柄端距餐台边缘1厘米，摆放鱼叉时，鱼叉柄距桌边5厘米，叉头向上突出。头盘叉叉面向上，叉柄与主叉平行。

（6）摆甜食叉、甜食勺。甜食叉放在展示盘正前方，叉头向右，与展示盘相距1厘米。甜食勺放在甜食叉上方，与叉平行，勺头向左，与甜食叉叉柄相距0.5厘米。

（7）摆黄油刀。黄油刀斜放在面包盘上，刀刃向左，黄油刀中心与面包盘中心线吻合，刀柄朝右下方，与面包盘水平线成45°角。

（8）摆水杯。水杯摆在主刀的上方，杯底中心在主刀中心线上，杯底距主刀2厘米。红葡萄酒杯摆在水杯右下方，杯底中心与水杯杯底中心的连线与餐台边成45°角，杯壁间距0.5厘米。白葡萄酒杯摆在红葡萄酒杯右下方，其他标准同上。

（9）折、摆餐巾花。双手消毒，在工作台操作，在干净的大瓷盘中完成折叠，将折叠好的餐巾花摆放在展示盘正中位置，餐巾花造型要美观大方，突出主位，餐巾颜色统一，卫生洁净。

（10）摆花瓶、椒盐瓶。餐台中央摆放花瓶、椒盐瓶，以左椒右盐对称摆放，瓶壁相距 0.5 厘米，瓶底距花瓶底 2 厘米。烟灰缸距花瓶底 2 厘米。餐台上所有餐具摆放要均匀、对称、美观。

（11）围摆餐椅。餐椅距自然下垂的台布 1 厘米，与展示盘对正。

（12）摆台完毕后斟酒。

摆台完毕后，所形成的餐具和餐台用品位置分别如图 2—30 和图 2—31 所示。

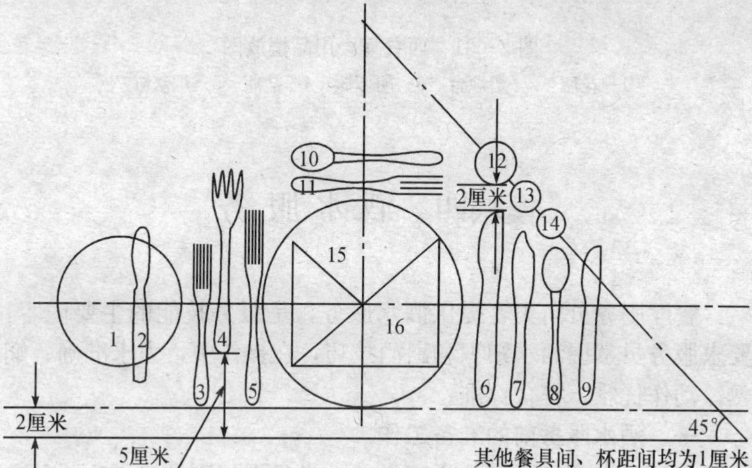

图 2—30　西餐宴会餐具摆放图

1—面包盘　2—黄油刀　3—开胃品叉　4—鱼叉　5—主餐叉　6—主餐刀　7—鱼刀　8—汤勺　9—开胃品刀　10—甜食勺　11—甜食叉　12—水杯　13—红葡萄酒杯　14—白葡萄酒杯　15—展示盘　16—餐巾花

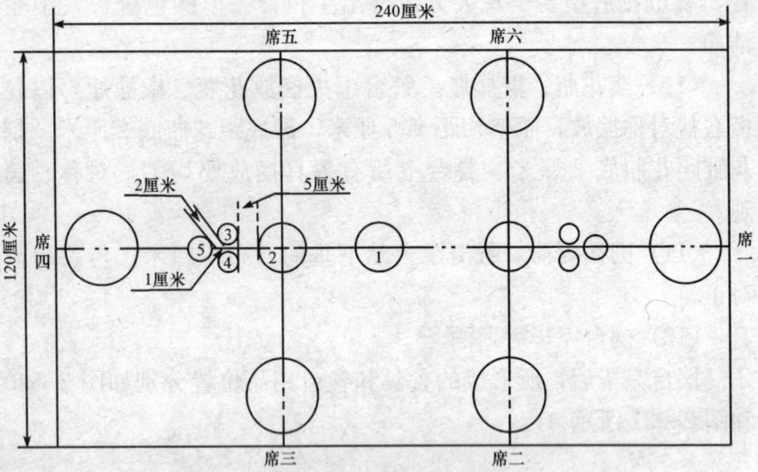

图 2—31　西餐宴会用品摆放图

1—花瓶　2—蜡烛台　3—胡椒瓶　4—盐瓶　5—烟灰缸

模块四　酒 水 服 务

餐厅服务员向宾客提供酒水服务，是服务技能的主要内容，要求服务员掌握酒水知识和斟酒技巧，在操作中，力求准确、娴熟，动作优雅，符合标准。

一、酒水服务前的准备工作

餐厅经营的酒品可分为两类：一类是常规酒品，它往往是市场最畅销的品种；另一类是特殊酒品，它是根据餐厅经营不同风味的特点配用的酒水品种。

宾客选酒时，有的是提前预订的，但是，大多数宾客是到了餐厅后再选择酒品，餐厅服务员要全面了解本餐厅经营酒水的种类、产地、香型、口味、特点、饮用最佳温度、乙醇含量、瓶装含量及价格等项内容，并主动向宾客及时提供酒单并做介绍，同时还要做好相应的工作。

1. 准备酒具

餐厅要根据自己经营酒品的种类，准备各种酒具。

一般中餐厅配备的酒具有水杯、葡萄酒杯、白酒杯、黄酒杯（盅或碗）等。

西餐厅常备的酒具有水杯、饮料杯、葡萄酒杯、烈性酒杯、香槟酒杯、甜食酒杯、鸡尾酒杯等，同时应准备冰酒桶、温酒壶、酒篮、开瓶器及盛装瓶盖的容器等。

2. 保持酒品适宜的饮用温度

服务员掌握各种不同酒品饮用的最佳温度，是提供斟酒服务的基础。

（1）低温饮用的酒品。一般啤酒饮用温度是 8～11℃，白葡萄酒饮用温度是 8～12℃，香槟酒和葡萄汽酒温度是 6～8℃，红葡萄酒以室内温度为宜，服务员可根据自然温度的高低，决定酒品是否要求冰镇。

酒水降温一般放在冰箱内冷藏，也可以把酒瓶放入盛有冰块的桶中降温，还可以采用溜杯的方法，即在酒杯内放一冰块，摇转杯子，以此降低杯子的温度。

（2）加温饮用的酒品。一般加温饮用的酒品主要有白酒和黄酒两种，其加温方法如下：

温白酒的方法：将白酒注入温酒器中用热水加温，温度以 30～35℃为宜。

温黄酒的方法：把黄酒注入温酒壶内，放在暖桶中，用热水烫热，达到 40～45℃即可。不能采用烧烤和燃烧加温的方法，以免酒温过高，使酒的香气发挥，影响酒的质量。

★小提示

无论是斟倒冰镇酒，还是加温酒，都应始终保持酒的一致温度，一般冰镇酒要在宾客入座的同时斟倒，加温酒应在宾客入座后斟倒，只有这样，才能确保酒水最佳的饮用温度。

二、常用酒品的开启方法

目前酒水的种类很多，包装与包封形式多种多样。因此，服务员开启酒品时，要使用专门的开启用具。

开启酒品的用具有两类，一类是开启软木塞酒品的酒钻，另一类是开启瓶盖用的起子。

1. 白酒的开启方法

白酒包封一般有冲压式盖封、金属或塑料式盖封和塑料盖封三种，其开启方法见表2—5。

表2—5　白酒的开启方法

包封形式	开启方法
冲压式	酒瓶放在工作台上，左手扶瓶颈处，右手握起子，压在酒封处扳启
金属或塑料旋式盖封	左手握酒瓶中上部，右手用巾布盖在酒封上，转拧即可
塑料塞封	去掉塞封外包装，用小刀轻启塑料盖封后即可

2. 啤酒的开启方法

啤酒包封一般有瓶装和罐装两种，其开启方法见表2—6。

表 2—6　　　　　　　啤酒的开启方法

包封形式	开启方法
瓶装	左手握酒瓶，瓶颈略倾斜，右手握起子，一次将瓶封开启
罐装	把盖的拉环拉开，慢慢扩大至全部拉开。这种方法可以避免二氧化碳含量过多，酒液溢出

★小提示

开启啤酒时，尽量减少晃动，开启后用干净的布巾擦拭瓶口，如有酒沫溢出，要擦干净瓶身，确保清洁卫生。

3. 葡萄酒和黄酒的开启方法

葡萄酒和黄酒常采用软木塞包封。开启时，先去掉瓶塞外封的包装，用布巾将瓶口擦干净后，用酒钻对准瓶塞中心按下去，并按顺时针方向旋转，直至螺旋部分完全进入软木塞，然后利用酒钻的杠杆下压，使瓶塞升起来，就可以把软木塞拿掉。开启酒品后，要检查木塞是否完整，如有木屑落入酒中，应过滤后再斟用，同时要检查酒品有无变质的迹象，原汁葡萄酒更重要，检查方法主要是嗅瓶塞人瓶部分有无酸败或发霉的气味，以保证酒品的质量。

三、酒水服务的方法

斟酒服务有托盘服务斟酒和徒手斟酒两种方法，具体分析如下：

1. 托盘服务斟酒

托盘服务斟酒适用于桌斟的斟酒方式。宾客的酒杯放在餐台上，服务员将酒水饮料放在托盘内，商标朝向宾客，请宾客选择，根据宾客需要，左手托盘，用右手把酒水斟入杯中，这种方法方便省时，深受宾客欢迎。

2. 徒手斟酒

徒手斟酒要求服务员左手持一块干净的布巾，右手持瓶，把宾客需要的酒水斟入杯中。徒手斟酒不仅适用于桌斟，也适用于捧斟的斟酒方式。捧斟是指斟酒服务时，服务员站在宾客右侧身后，右手握瓶，左手将酒杯捧在手中，向杯中斟好酒后，放回原来的位置，捧斟方式一般适用于酒吧或酒会服务，用非冰镇酒品，捧斟时，要求服务员做到斟酒平稳、准确。

四、斟酒服务技能要求

1. 确认酒水品牌

宾客选定酒水后，在酒品开封前，请宾客确认酒水品牌，确认无误后，才可开启斟倒，这是酒水服务不可忽视的环节。

展示酒品的方法是：

服务员站在宾客右侧，用右手握瓶颈，左手持餐巾，托住瓶底，酒的商标朝向宾客，请其确认，以此表示对宾客的尊重，同时可以证明酒品的可靠性。

西餐酒水服务有品酒环节，斟酒前先在主人杯中斟倒少量的酒，请其品尝，品酒人确定后，方可斟倒。

2. 斟酒姿势与站位

（1）持瓶姿势。服务员持瓶的姿势是斟酒服务的重要环节，具体要求：

右手拇指打开，四指并拢，掌心贴于瓶身中部，商标朝外，手指用力均匀，使酒瓶握实在手中，如图 2—32 所示。

（2）斟酒姿势。具体要求：

服务员斟倒酒水时，应持瓶直立，左手持一块干净的布巾下垂，右手持瓶，小臂成 45°角，向杯中斟酒时，上身略向前倾，当酒液斟倒适量时，右手利用腕部旋转将酒瓶的商标向上转，同时左手迅速用布巾擦拭瓶口，以免酒液滴落，斟酒后身体要恢复直立，如图 2—33 所示。

图 2—32　持瓶姿势

（3）斟酒站位。具体要求：

服务员斟酒应站在宾客右侧身后，右脚在前，左脚在后，站立在两位宾客的座椅中间，脚掌落地，左脚尖着地呈后蹬势，身体略斜，成 45°角，服务员面向宾客，持瓶依次斟倒。每斟好一杯换位置时，左脚掌落地后，右脚撤回，与左脚并齐，使身体恢复原状，后退一步，再准备为下一位宾客斟倒。斟酒服务要形成规律性的进退，服务员动作要规范，符合标准。

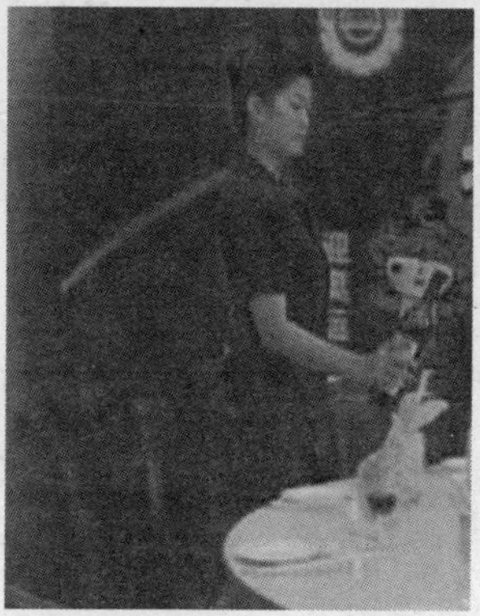

图 2—33　斟酒姿势

3. 斟酒顺序

中餐宴会斟酒顺序应从主宾位开始，然后主人位，再斟其他宾客位。如果两名服务员同时斟酒，一位从主宾开始，另一位从副主宾开始，按顺时针方向依次绕台斟酒。

西餐宴会的斟酒顺序为：从女宾开始，后斟女主人，然后按男宾、男女主人的顺序进行。

斟酒服务的顺序也有灵活性，可根据主人的示意来决定斟酒顺序。

4. 斟酒标准

斟酒标准应以酒品的种类和杯具而定。目前各餐厅使用的杯具款式和规格多种多样，服务员斟酒时应根据具体情况灵活掌握，一般以斟倒酒液均匀为原则，一般酒水斟倒标准见表 2—7。

表 2—7　　一般酒水斟倒标准

餐　别	酒品种类	斟倒标准
中　餐	白酒、黄酒	应为八分满
	各种软饮料	应为八分满
西　餐	红葡萄酒	适量
	白葡萄酒	占酒杯 2/3
	鸡尾酒	占酒杯 3/4
	白兰地酒	1 盎司（酒杯平放，杯中酒液与杯口齐平）
	烈性酒	与白兰地相同
	香槟酒	先斟 1/3，待泡沫消退后，续斟至 2/3
	啤酒	杯中以八分酒液、二分泡沫为宜
	冰水	半杯水和适量冰块，不加冰块占杯 4/5

5. 斟酒时机

宴会斟酒可分为宴会前斟酒服务和宴会进行中的斟酒服务。

（1）宴会前斟酒服务。宾客用餐大多选用几种不同的酒品和饮料。大致有葡萄酒、白酒、啤酒及各种饮料，一般在宴会开始前 5 分钟提供斟酒服务，先斟葡萄酒，再斟白酒，宾客入座后，再依次为宾客斟倒啤酒及饮料。

（2）宴会中斟酒服务。在宴会进行中出现下列情况，服务员应及时斟酒：

1）宾客干杯前后及时斟酒。

2）每新上一道菜肴后应续斟酒水。

3）当宾客酒杯中酒液不足时，也应及时提供斟酒服务。

4）宾客相互敬酒时，服务员应随敬酒者及时续添酒水。

五、斟酒服务应注意的问题

1. 服务员斟倒各种酒水时，应站在宾客右侧，不能在同一位置，为左右两边宾客斟酒或隔餐位给宾客斟酒。

2. 斟倒啤酒时，要减少晃动，放慢速度，让酒液沿杯壁缓缓流入杯中，可以避免泡沫溢出杯外。

3. 斟倒酒水时，瓶口不能碰杯口，以 2 厘米为宜，如图 2—34 所示。

图 2—34　斟倒酒水时的瓶口高度

4. 斟酒要注意瓶内的酒量，控制好酒液流出的速度。

5. 斟倒冰镇或加温的酒水，取出后用干净的布巾擦拭水痕，以免落在台布或宾客衣物上，使用酒篮的酒品，要在瓶颈处折拭布巾。

6. 服务员用托盘服务斟倒的酒水，托盘要向身后伸展，展至宾客餐椅后，做到托平走稳，酒瓶不倒不洒，动作规范。

知识链接

酒水知识

酒是一种有机化合物，它是用谷物、水果等含淀粉或糖分的植物经过发酵、蒸馏、陈酿等方法生产出的含食用酒精带刺激性的饮料。

◇ 中国酒

我国酒品种类繁多，可按其乙醇的含量、酿造工艺、酿造原料、颜色、香型、味道等进行划分，具体见表2—8。

表2—8　　中国酒的分类

划分方法	分　类
按乙醇含量分	低度酒（乙醇含量在19°以下）、中度酒（乙醇含量在20°～39°之间）、高度酒（乙醇含量在40°～65°）
按酿造工艺分	蒸馏酒（经过发酵的原料加以蒸馏提纯，获得含有较高纯度数酒精的液体）、发酵酒（酿酒原料经过发酵后，直接提取或用压榨方法取得的酒浆）、配制酒（用一种白酒或果汁作为基酒，再将其他不同的原料，如糖、香料及药材经过加工后与基酒浸泡、混合、勾兑，使之成为不同种类与味道的新酒）
按酿造原料分	白酒、黄酒、啤酒、果酒、汽酒和配制酒
按颜色分	白色、红色、黄色、紫色、黑色等
按香型分	浓香型、酱香型、清香型、果香型、米香型、复合香型
按味道分	甜、酸、绵、爽、净、醇等

根据酿造原料分类，不同酒的特点见表2—9。

◇ 外国酒

外国酒按配餐方式和饮用方式可分为开胃酒、佐餐酒、餐后甜酒、烈性酒、啤酒、鸡尾酒等，其特点如下：

表 2—9　　不同酒的特点

种类	特　点
白酒	我国酿制的白酒是世界著名的六大蒸馏酒之一，白酒无色透明，晶莹纯净，无沉淀，五种香型的酒各有特色，酒香馥郁，并有溢香、留香之感，口味醇厚柔绵，有的品种有粘杯的特点
黄酒	黄酒是我国最古老的特有酒种之一，酒色一般为浅黄色，澄清透明有光泽，无悬浮物和沉淀物，并有明显的黏挂，酒味柔和，醇厚适口，有浓香的香气，入口清爽，回味无穷
果酒	主要包括葡萄酒类。酒色有红色、白色、黄色、桃红色之分。酒液清亮透明，果味清香，酒香醇正软润，无异味，无苦涩感，无悬浮物和沉淀物。口感按其含糖量可分为甜型、半甜型、干型和半干型，每种酒均有不同的风格
啤酒	我国酿造的啤酒酒色浅，透明有光泽，泡沫洁白较多且持久，味道清爽细腻，有酒花所产生的微苦和麦芽酒的香味。啤酒的乙醇含量较低，营养价值很丰富，被人们称为“液体面包”
汽酒	汽酒是以果酒为基础、酒液中含有二氧化碳的酒。酒液纯清透亮，颜色正，酒香浓爽，开瓶时气足泡多，常会出现溢瓶的现象。酒液中无悬浮物和沉淀物，入口无异味，回味绵长，风味独特
配制酒	我国的配制酒分为果露酒和药酒两大类，它是以优质白酒为基酒，用名贵的药材配制，酒液清亮透明，无杂质，果香和药香浓郁协调，口感醇厚，回味悠长，对治疗疾病有辅助的功效

(1) 配餐饮用。外国酒一般喜欢什么菜肴食品配什么酒水，如餐前饮开胃酒，进餐中饮用葡萄酒，餐后饮用甜酒、白兰地酒。人们享用西餐时，在不同的时间段，饮用不同的酒。以葡萄酒为例，食用肉类、野味及家禽类食物时，由于这类食物脂肪多，肉味香，需配饮味浓的红葡萄酒。食用海鲜类、鱼类及甜品食物时，需配饮清淡的白葡萄酒。

(2) 饮用前可再次调制。除鸡尾酒外，外国酒中的许多品种都具有餐用前再次调制的特点。如：饮用开胃酒时需要加苏打水，饮烈性酒中的金酒、伏特加酒需要加托力水，朗姆酒加可乐，威士忌可加冰、加水或加苏打水等。

(3) 常年陈酿。以白兰地酒为例，白兰地是一种葡萄蒸馏酒，以水果为原料，经过发酵、两次蒸馏后，再进行勾兑、陈酿而成。以其他水果原料酿成的白兰地，应加上水果名称，如苹果白兰地、樱桃白兰地等。白兰地的意思是“生命之水”，通常被人称为“葡萄酒的灵魂”。由于在陈酿工艺中要求很严，必须用没有铁质钉子的橡木桶内储存陈酿，其酒陈酿年份越长，酒品越昂贵。在白兰地酒标上，标有不同的陈酿符号。

“☆☆☆”表示陈酿3～5年。

“V. O”表示陈酿10～12年。

“V. S. P”表示陈酿12～20年。

“V. S. O. P”表示陈酿25年以上。

“X. O”表示陈酿40年。

威士忌酒要储存8年以上，储存15～20年的酒，为最优质的成品酒，但超过20年质量会下降。

(4) 注意保存。外国酒非常注意保管及储存方式。各种不同的佐餐酒应根据其特点进行储藏。白葡萄酒、香槟酒应存放于低温酒库；红葡萄酒应存放于避光酒库中，防止阳光照射。凡是用软木塞封瓶的酒，应平放或倒置，以防止木塞干燥，软木塞只有被酒液浸润膨胀，才可使酒液与空气隔绝，起到防腐变的作用。蒸馏酒类则应竖直存放。

◇ **非酒精饮料**

(1) 茶。作为人们日常生活必需的饮品，按照其不同的加工方法茶可分为七大类，即绿茶、花茶、红茶、乌龙茶、白茶、黄茶、紧压茶。

祖国医学主张：春饮花茶，夏饮绿茶，秋饮青茶，冬饮红茶。

春季：人饮花茶，可以散发一冬积存在人体内的寒邪，浓郁的香气能促进人体阳气发生。

夏季：以饮绿茶为佳。绿茶性味苦寒，可以清热、消暑、解毒、止渴、强心。

秋季：饮青茶为好。此茶不寒不热，能消除体内的余热，恢复津液。

冬季：饮红茶最理想。红茶味甘性温，含有丰富的蛋白质，能助消化，补身体，使人体强壮。

沏茶用什么水温冲泡易得出高品质的茶汤，可分三大类说明：

低温（70～80℃）：用以冲泡龙井、碧螺春等带嫩芽的绿茶类与黄茶类。

中温（80～90℃）：用以冲泡白毫、乌龙等嫩采的乌龙茶、瓜片等绿茶，以及虽带嫩芽，但重萎雕的白茶（如白毫银针）与红茶。

高温（90～100℃）：用以冲泡采开面叶为主的乌龙茶，如包种、冻顶、铁观音、水仙、武夷岩茶等，以及后发酵的普洱茶。这两类偏嫩采者，水温要低；偏成熟叶者，水温要高。

(2) 咖啡。分为大、中、小粒种，小粒种咖啡因含量低，但香味浓；中粒、大粒咖啡因含量高，但香味差。通常商品咖啡是配制而成的，一般为三、七分。现代医学认为，咖啡能促进人体新陈代谢，延续衰老过程，兴奋神经，消除疲劳。

◇ **软饮料**

软饮料是指酒精含量低于0.5%（质量比）的天然的或人工配制的饮料，又称清凉饮料、无醇饮料。软饮料的品种很多，按主要成分与特点划分有碳酸饮料、果汁饮料、乳制品饮料和蔬菜汁饮料。

(1) 碳酸饮料可分为果汁型、果味型、可乐型、低热量型、其他型等，常见的有可乐、雪碧、芬达、美年达等。

(2) 果汁饮料是用成熟适度的新鲜或冷藏果实为原料，经机械加工所得的果汁或混合果汁类制品，或加入糖液、酸味剂等配料所得的制品。目前国内果汁饮料主要品种有原果汁饮料（纯天然、鲜榨汁）、低浓度果汁（果汁含量仅为5%～10%）、纯果汁（果汁含量100%，如汇源果汁等）和复合果汁（几种果蔬原汁调和制成，如“农夫果园”系列饮料）。

(3) 乳制品饮料。分为乳饮料（如鲜奶饮料、可可奶、豆奶饮料等）、发酵乳（如各种瓶装或盒装酸奶）、乳酸菌饮料（采用乳酸菌类加入奶中，使奶液形成一种新口味）等。

(4) 蔬菜汁饮料。富含多种维生素和矿物质，营养价值极高，容易被人体吸收和利用，并有明显的医疗效果，尤其适宜婴幼儿及老年人饮用，如混合菜汁、胡萝卜汁、番茄汁、芹菜汁等。

模块五　上菜服务

上菜服务是餐厅服务过程的中心环节，也是服务员的重要技能之一，具有较高的技艺性，如上菜程序、上菜位置、餐台菜肴摆放的艺术效果多有讲究，它反映服务员的服务水平和技能操作的标准化。

一、中餐上菜

1. 上菜程序

我国有很多地方菜系，菜品都带有浓郁的地方特色。宴会席面的种类也很多，如燕翅席、海参席、全鸭席、满汉全席等。由于地方菜系不同，宴会席面不同，其菜肴设计也多有差异，因此，上菜程序有所不同。这要根据宴会的类型、特点和需要，因人、因时、因事来决定。

一般中餐上菜程序是：

凉菜→主菜→热菜（数量较多）→汤菜→甜菜（随上点心）→水果

2. 上菜原则

中餐宴会上菜应掌握的原则是：

先凉菜后热菜，先咸味菜后甜味菜，先佐酒菜后下饭菜，先荤菜后素菜，先炒菜后汤菜，先菜肴后点心，先上优质菜或风味菜后上一般菜。

如宾客对上菜有特殊要求，可以灵活掌握。

3. 上菜位置

餐厅服务员要选择正确的位置为宾客上菜，中餐宴会一般选择在陪同和翻译之间进行，并始终保持在同一位置。

中餐散座上菜应根据具体情况灵活选择，可选择在不干扰客人的位置上菜。

4. 上菜方法

上菜方法如图 2—35 所示，上菜时，服务员将放置在托盘内的菜肴端至桌前，托盘要端平稳，右腿侧站在两座椅间，侧身用右手把菜肴送到转台边缘，按顺时针方向缓缓旋转一周，请宾客观赏菜品，之后转至主宾面前，后退一步介绍菜品名称，并用简练的语言讲述菜肴的特点、典故以及特殊菜肴的食用方法。

图 2—35　上菜方法

知识链接

不同类型菜肴的上菜方法

◇ 有响声的菜品（锅巴类）。以最快的速度上桌，使之发出声响，烘托用餐气氛。

◇ 原盅炖品菜（各种盅类）。上桌后要当着宾客的面揭开，盖子要翻转移开，防止蒸汽落在宾客衣物上。

◇ 跟用佐料的菜品。佐料同菜肴一起上桌，也可以先上佐料后上菜，上菜后服务员要加以介绍。

◇ 火候性较强的菜品。出锅后立即端上菜桌，保持菜肴的特点。

◇ 拔丝菜品。先上数碗凉开水，迅速将菜品端至餐桌，确保其风味。

◇ 泥包、纸包、荷叶包的菜品。应让宾客观赏后，放到操作台上，当着宾客的面打破或拆开，用餐刀、餐叉切开并装盘送给每位宾客。

◇ 带酒精炉的菜品（各种锅仔）。先把菜肴放到餐桌后，再点燃酒精炉，席间服务员要勤巡视和观察。

◇ 工艺造型菜品。服务员动作要轻、稳，保持菜肴不变形状。

5. 上菜要求

（1）服务员每上一道新菜时，将前一道菜移到其他位置，把新菜摆放在主宾面前。剩余的菜征得宾客同意后，可随时撤下，换到小盘中，放回餐台上，让宾客继续享用。

（2）服务员要及时调整菜盘的距离，并为上下一道菜留出摆放的位置，保持桌面整洁、美观。

（3）服务员徒手端托上菜。如上整鱼、汤菜、锅仔类型的菜等，要用双手将菜肴放在餐台上。

（4）对没有摆放转台的餐台，服务员应将菜肴摆放在餐台中心靠近主人的位置上。

6. 上菜时机

（1）中餐宴会一般在开席前 10 分钟把凉菜上桌，宾客入席后，当吃到一半时，开始上第一道热菜，并按宾客进餐速度掌握出菜、上菜的节奏。

（2）在前一道菜接近吃完时，将新菜送到餐台上。

（3）宴会进行中，如遇宾客讲话或离席敬酒时不宜上菜，应等宾客回到座位后再上菜。散座用凉菜与宴会相同，上热菜可加快速度，也可以根据宾客的需要掌握上菜的节奏。

7. 菜肴摆放的要求

服务员摆放菜肴时，要讲究造型艺术，尊重主宾，注意礼貌，方便宾客食用。

（1）工艺性较强的菜品，如艺术冷拼、造型别致的热菜、面塑等，摆放时，菜品的主看面应对主人席位，其他菜肴的看面要朝向四周，一般菜肴要刀工精细，色泽美观部分朝向宾客。

（2）各种菜肴摆放时，应根据原材料的颜色、形状、口味、荤素、造型等对称摆放，盘与盘的距离要均匀。

（3）菜肴应按“一中心，二平放，三三角，四四方，五梅花”的形式摆放。

（4）使用长盘盛装菜品时，应横向朝着宾客；各种异型盘可按其不同的形状及菜点的造型摆放，给宾客以最佳的视觉效果。

（5）摆放整鱼时，鱼腹应朝向宾客。

（6）如遇有拼台的宾客，各自菜肴的摆放要相对集中，相互间要有一定的距离，上菜应核对菜单，以免发生差错。

二、西餐上菜

1. 上菜顺序

西餐上菜的一般程序为：

头盘→汤→第一主菜→第二主菜→甜食

2. 上菜原则

西餐上菜要严格遵循先宾后主、女士优先、从宾客右侧上菜的原则提供服务。

（1）先宾后主的原则。正式宴会应严格按照座次安排上菜，在一般情况下，在给第一主宾和第二主宾上菜完毕，就可以按顺时针方向依次服务，最后给主人上菜。

（2）先女士后男士的原则。在西餐宴会中，特别是西方国家的宾客，要遵循“先女士后男士”的上菜原则，如果主人为女士，可按女主人的示意提供服务的顺序。在女主人没做示意的情况下，应按先给女宾，然后给男宾的顺序上菜。

西餐宴会上菜应根据宾客不同的国籍或宾客的具体要求，灵活决定服务的先后顺序。

服务贴士

上菜服务应注意的问题

◆服务员应用清晰的语言介绍菜品，做到语音、语速适中。

◆上各种菜肴时，应做到端平菜盘，轻拿轻放，不可从宾客头上越过。

◆上菜不能选择老人或儿童身旁，以免发生意外。

知识链接

菜品知识

◇ 中餐菜肴

我国地域辽阔，是一个多民族国家，由于地理环境、物产资源、历史条件、饮食习俗等方面不同，因此，形成了常有地域性的饮食文化——地方菜。人们把它划分为四大菜系：四川菜系、山东菜系、广东菜系和江苏菜系。在这基础上，又发展为八大菜系，即四川菜系、山东菜系、广东菜系、江苏菜系、福建菜系、湖南菜系、浙江菜系和安徽菜系。

(1) 四川菜系。简称川菜，主要由成都菜和重庆菜组成。川菜讲究烹调，选料广泛，刀工精细，注重调味，多用辣椒和花椒，以麻辣著称。川菜用众多原材料与调味巧妙结合，烹制出千变万化的、复合味的美味佳肴，有味多、味广、味厚、味浓、百菜百味的独特风格。主要名菜有宫保鸡丁、灯影牛肉、鱼香肉丝、麻婆豆腐、怪味鸡等。

（2）山东菜系。简称鲁菜，主要由济南菜和胶东菜组成。济南菜烹调方法独特多样，制作精细，尤其善于制作清汤、奶汤。菜肴以清香、鲜嫩、味纯为特点，口味以咸鲜为主。胶东菜，又称福山菜。是胶东沿海青岛、烟台等地方风味的代表，擅长烹制海鲜，以鲜为主，口味清淡，保持菜肴的原汁原味。主要名菜有葱烧海参、烩乌鱼蛋、九转肥肠、油爆双脆、奶汤八宝鸡等。

（3）广东菜系。简称粤菜，主要由广州菜、潮州菜和东江菜组成，并以广州菜为代表。

广东菜用料广泛新奇，选料精细，烹调技法精于炒、烩、烤等，特别是小炒，对油温、火候的控制恰到好处。擅长烹制各种海鲜，更有独特的食用方法。广东菜注重菜品的味道与造型，口味讲究清淡、生脆和爽口。主要名菜有烤乳猪、东江盐焗鸡、龙虎斗、蚝油牛肉、三色龙虾等。

（4）江苏菜系。简称苏菜，主要由淮扬菜、南京菜和苏州菜组成。江苏菜注重选料，因材施艺，做工精致，烹调方法善用焖、炒、炖，少用调料和辅料，保持菜肴的原汁原味，讲究吊汤，菜品风味清鲜，浓而不腻，淡而不薄，口味咸甜适中，侧重于酥烂鲜香，滑嫩爽脆。主要名菜有清炖蟹粉狮子头、松鼠鳜鱼、水晶肴蹄、拆烩鲢鱼头、无锡排骨等。

（5）福建菜系。简称闽菜，由福州、泉州和厦门三个地方菜组成。福建菜以烹制海鲜而著称，菜肴选料严谨，讲究刀工，注重掌握火候，长于制汤，常用红糟、虾油做调味。以味鲜而清淡、略带甜酸为特点。主要名菜有佛跳墙、太极明虾、清汤广肚、白炒香螺片、鸡汤汆海蚌等。

(6) 湖南菜系。简称湘菜，由湘江流域、洞庭湖区和湘西山区菜组成。以长沙菜为代表。湖南菜用料广泛，刀工精细，注重调味，常用烟熏腊肉为原料，烹调方法以煨、炖、腊、蒸见长，口味以咸香、酸辣、软嫩为适口，风味独特，别具一格。主要名菜有腊味合蒸、东安子鸡、柴把鳜鱼、发丝百叶、冰糖湘莲等。

(7) 浙江菜系。简称浙菜。主要由杭州菜、宁波菜和绍兴菜组成，以杭州菜为代表。浙江菜制作精细，讲究刀工，烹调方法以爆、炒、烩、炸为主，注重菜品的原味，咸鲜合一，善于烹制各种海鲜、河鲜和家禽。口味具有清淡、香脆、细致、乡土风味突出的特点。主要名菜有西湖醋鱼、干炸响铃、东坡肉、油焖春笋、龙井虾仁等。

(8) 安徽菜系。简称徽菜，由徽州、沿江和沿淮三个地方风味菜组成。安徽菜擅长烹制山珍野味、海鲜和家禽。刀工精细，注重形色，喜欢用糖调味，烹调方法多用炖、烧、蒸，菜肴制作讲究油重汁芡大，汤汁颜色重，讲究火功。力求菜肴的原汁原味。主要名菜有火腿炖甲鱼、软炸石鸡、葡萄鱼、清蒸花菇、无为熏鸡等。

◇ 西餐菜肴

西餐菜肴以法国菜、英国菜、美国菜、意大利菜和俄式菜为代表菜，有以下共同的特点：

(1) 选料精细。西餐使用原材料十分广泛，有水产类、野味类、家禽类、肉类、乳品类、果蔬类及谷物类等。选用原料精细，在质量和规格上要求很高，注重原料的新鲜程度，并按档次进行使用，为菜品的质量打下良好的基础。

(2) 调料讲究。西餐调味品丰富，常用的有葱头、芹菜、胡萝卜、大蒜、柠檬、香叶、胡椒粒、番茄酱、辣酱油、糖、黄油、面粉等。不同的菜式配用不同口味的调味汁，往往做一款菜肴需用多种调味的搭配才能制成。西餐烹制菜肴常用的酒品有白兰地、红葡萄酒、白葡萄酒、朗姆酒、甜食酒等。

(4) 制作工艺细腻。西餐菜肴主料形状大，制作工艺复杂细腻，注重菜品的色泽与味道。西餐制作大多以小量操作为原则，以份为单位，习惯按份加以烹制，如煎牛扒，现吃现煎，使菜肴质嫩色正，味道鲜美，菜品质量极佳。

(5) 注重营养价值。西餐注重食物中的营养成分，根据人体所需各种营养素，对菜品进行合理搭配，在制作中，尽量保持营养素不被破坏，确保菜肴的营养价值，做到科学膳食。

模块六　分菜服务

分菜服务是餐厅服务员的工作内容，有较高的技能要求，在体现服务员对宾客热情服务的同时，也反映餐厅服务的档次及水平。

一、中餐分菜

1. 分菜前的准备工作

(1) 熟知菜单。服务员分菜前要掌握准备分的菜肴所使用的刀工、烹调方法、菜肴或熟后的特点及盛装器等，做到心中有数，为分菜服务打下基础。

(2) 准备餐具。根据菜单的内容准备相应数量的餐碟、汤碗、汤匙等。

(3) 准备分菜用具。备齐分菜用的餐叉、餐勺、筷子、长柄匙、垫布、布巾等。

2. 分菜用具的使用方法

分炒菜应按菜肴的类型配用用具，一般是餐叉和餐勺或者筷子和长柄匙配套使用。

(1) 餐叉和餐勺的配套用法。分菜时，服务员右手握住叉和勺柄的后部，勺心向上，餐叉底部朝向勺心，餐勺勺柄置于中指与小拇指之上、无名指之下，用拇指和食指捏住餐叉，如图 2—36 所示。用 5 个手指分别将餐叉、餐勺固定后，就能在分菜时操作自如，将夹起的菜点送到宾客餐碟内。

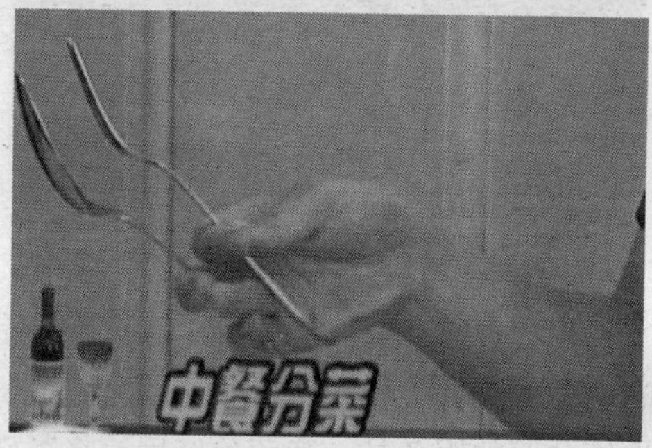

图 2—36　餐叉和餐勺的配套用法

(2) 筷子和长柄匙的配套用法。服务员右手握筷子，左手持长柄匙，筷子在上，勺在下，相互配合使用，将汤菜均匀地送到宾客餐碟（碗）内。

3. 分菜的顺序

(1) 服务员为宾客分菜的顺序依次为主宾、副主宾、主人，然后按顺时针方向依次分让。

(2) 在宴会接待中，遇到主宾带儿童参加宴会时，服务员应先分给儿童，然后再按先后顺序分菜。

4. 分菜服务的方法

服务员分菜前应将菜肴端至宾客面前展示，同时要介绍菜肴的风味特点、烹调方法、营养等项内容，并根据菜肴不同的类型选用分菜方法。分菜分为让式餐台分菜、二人合作式餐台分菜和厨房分菜三种方法。

(1) 分让式餐台分菜。服务员左手垫上餐巾布，将菜盘托起，右手拿分菜用的餐叉和餐刀分让菜品，如图 2—37 所示。

图 2—37　分让式餐台分菜方法

(2) 二人合作式餐台分菜。分菜时，一名服务员站在陪同和次要宾客之间的位置为客人盛取菜肴，另一名服务员站在宾客左侧，把餐碟递给分菜的服务员，待菜分好后，将餐碟送回宾客面前。

(3) 厨房分菜。厨师根据宾客人数，将菜肴按每人一份盛装在餐碟或盅（碗）内，由服务员用托盘将菜品分送给宾客。

知识链接

不同类型菜肴的分让方法

◇ 烩菜类型。餐厅中有许多用“烩”的烹调方法制成的菜肴，如烩乌鱼蛋，这是一道宽汁烩菜，它是靠菜肴的淀粉汁托起的。分菜时，要做到快入慢出，不能搅动。慢出容易取乌鱼蛋，搅动过多会出现澥汁，影响菜肴质量，因此，服务员盛取时手要稳，分装要准确。

◇ 拔丝类型。在分这类菜肴时，应由两名服务员负责，一名服务员取菜分菜，另一名服务员快速将分好的菜递送给宾客。分菜时，不要碰破外皮，一旦碰破，蘸水冷却时，水进入菜中会影响菜肴的风味。

◇ 分整形鱼。分清蒸整鱼时，左手握餐叉，将鱼头固定，右手用餐刀从鱼中骨由头顺切至鱼尾，把切开的鱼肉分向两侧脱离鱼骨，露出鱼骨后，用餐刀从鱼尾向鱼头处将鱼骨与肉切开，当骨肉分离后，用刀和叉将鱼骨托起，放置鱼盘前端盘边处，再把上片鱼肉与下片鱼肉向吻合，仍呈一条整鱼形状，用叉和刀将鱼肉按份分切，然后用餐叉和餐刀将鱼肉盛装在餐碟中，浇上汁，送到宾客面前，分油浸鱼、红烧鱼与分清蒸鱼相同。

◇ 龙虾类型。用龙虾制菜有多种方法，生吃龙虾（又名龙虾刺身）是其中一种。厨师将龙虾肉切片后，放在特制的龙船或异型冰盘内，塑成龙虾造型。服务员分菜时，应从龙虾头部顺至尾部，按片取拿，分送给宾客。要做到数量均等。待虾肉分完后，将头尾送至厨房，并按宾客的要求烹制，即“两吃龙虾”或“三吃龙虾”。

服务贴士

分菜服务应注意的问题

◆ 餐台分菜时，服务员应站在宾客左侧，站立要稳，身体不可倾靠在宾客身上，腰部稍向前弯。

◆ 分菜时，要掌握好菜肴的数量，做到分让均匀，使最先分的和最后分的基本相等。

◆ 分菜时，将菜肴优质部位分给宾客，同时要将菜肴的主料、配料搭配齐全。

◆ 分菜时，要做到一勺准，一叉准，不可将一勺或一叉菜分给两位宾客，更不能从量多的盘、碗中匀出分给量少的。

◆ 每分一道菜后，盘中应有剩余，以示菜肴的宽裕及方便宾客添用。

◆ 分带佐料的菜，要随同佐料一起分让。

◆ 分菜要迅速，分菜动作要敏捷，以免影响菜肴质量，而且不可拖带汤汁或将菜汁洒落在餐台或滴落在宾客衣物上。

二、西餐分菜

1. 西餐分菜的用具

俄式分菜主要使用餐叉和餐刀，法式分菜主要有服务车、分割切板、刀、叉、分调味汁用的叉和勺。

西餐分菜对所配用的用具卫生要求很严格，每分一次菜后，需要更换一次用具，不能连续使用，做到用具无污迹、无异物，清洁卫生。在准备用具的同时，还要备好与宾客人数相等、加过热的主盘。

2. 西餐分菜的方法

（1）俄式分菜的方法。俄式分菜与中餐分菜的方法大体相同，服务员左手托大盘，右手持叉和勺，按顺序为每位宾客分菜，在一般情况下，菜肴分让两次，第一次分菜要求每位宾客的菜量基本相等，第二次可给需要添加的宾客分让。

（2）法式分菜的方法。法式分菜侧重于分切的技术。在分肉类、鱼类、奶酪等菜品时，把菜品放于装在餐车的分割切板上，左手握餐叉压在菜肴一侧，右手握餐刀进行分切，装盘后再分让配料及配汁。

3. 西餐分菜的要求

服务员分菜要快速准确，汤汁不滴不洒，动作连贯，切配菜品时，不得发出声响，盛器四周清洁卫生，符合规范标准。

模块七　撤换菜品及餐用具

服务员开餐前要准备好餐中需要的各种物品，在服务过程中，按菜肴的不同类型及需要适时为宾客撤换餐具、酒具及用品，来体现服务员对宾客的尊重及优质的服务。

一、中餐餐台撤换菜品及餐用具

1. 撤骨碟

服务员在宾客就餐中应随时观察宾客用餐情况，每当宾客用完一道菜时，服务员应将空盘撤下，并调整菜盘的距离，保持餐桌整洁。

高档宴会，每用一道菜就要撤换一道骨碟。

一般宴会、普通宴会可以把残菜撤下，换小盘重新上桌，这样既可保持台面菜品的丰盛，又可使台面美观，又能为服务员上菜提供方便。

服务员撤菜盘不能过快，应按宾客进餐速度快慢来决定，宾客继续食用的菜肴不能撤下，服务员应勤观察，适时撤下餐台的残菜。

服务员撤菜盘要使用托盘，在上菜位置进行，操作时动作要轻而稳，不能将汤汁滴洒在餐台上或宾客衣物上。

2. 撤换骨碟和汤碗

宴会进行中，服务员应多次为宾客更换骨碟和汤碗，更换次数要根据菜肴品种而定，高档宴会应每上一道新菜更换一道骨碟，一般宴会，服务员可视具体情况灵活掌握更换骨碟的次数，遇到以下情况时，应及时更换骨碟及汤碗：

（1）吃过凉菜换吃热菜时应更换。

（2）吃过鱼腥味的菜点，再吃其他类型菜肴应更换。

（3）吃过风味特殊、汁芡各异、调味特别的菜肴应更换。

（4）吃过甜菜、甜汤的盘或碗应更换。

（5）骨碟内洒上酒水或饮料时，应更换。

（6）骨碟内骨刺、残渣较多时，应更换。

换骨碟的具体要求：服务员为宾客撤换骨碟时，应用左手托托盘，右手撤换，从主宾位置开始，在宾客右侧摆上干净的骨碟，从宾客左侧将用过的骨碟、碗撤下。如果有宾客前一道菜没有用完，新菜又来了，服务员可以在宾客面前先摆放一个干净的骨碟，等宾客食用完前一道菜后再撤下骨碟。

撤换骨碟时，应将干净的骨碟与用过的骨碟严格分开摆放，以防止交叉污染。

3. 撤换酒具

宾客进餐中，需要更换酒水、饮料或酒杯中洒入汤汁时，服务员要及时更换酒具。撤换酒具时，服务员要站在宾客右侧，手持杯子下半部或高脚杯的杯柱，把酒具放在正确的位置上，做到轻拿轻放，不能发出声响。

4. 撤换烟灰缸

为了给宾客提供良好的就餐环境，各餐厅禁止宾客吸烟。但是，当宾客需要时，服务员应熟练掌握撤换烟灰缸的具体方法。

宾客用餐时，服务员要观察宾客使用的烟灰缸，当烟灰缸有两个烟蒂时，要及时撤换。

撤换烟灰缸的具体要求：为了避免烟灰飞扬，落在菜点或宾客衣物上，服务员应把干净的烟灰缸放在用过的烟灰缸上，一并撤到托盘内，再把干净的烟灰缸放在餐台上。

餐后，撤烟灰缸应作为单独的程序来进行。服务员要做好防火安全检查，如有未熄灭的烟蒂，要及时处理。

5. 撤换小毛巾

用餐席间，服务员应为宾客多次撤换小毛巾。上小毛巾有两种方法：

（1）将小毛巾放在毛巾托内，装在托盘里，服务员左手端托盘，右手将毛巾托摆放在宾客右侧，由宾客自己取拿。

（2）将毛巾放在垫盘内，服务员用毛巾夹递送给宾客。撤小毛巾时，服务员将毛巾及毛巾托一并撤到托盘内或将毛巾用夹子取到托盘内。

6. 撤餐巾

服务员撤台时，要把餐巾抖干净，对角拉直，并将其按10块一捆扎好，这样便于清点数目。

7. 撤台布

撤台布前，要求检查是否有烟蒂、残菜等，如有，先清理再撤台布，如台布上洒有酒水饮料，应先晾，防止台布发霉后洗不掉，影响使用，晾干后脏面朝里叠好，收到盛装脏台布柜中备洗或直接送到洗衣厂洗涤。

二、西餐餐台撤换餐具、用具

1. 撤换餐具

西餐不同的菜点使用不同的餐具，因此，宾客每用一道菜点要换一副刀叉。撤盘前，服务员要观察宾客刀叉摆放方法，当整桌的宾客把刀叉合并放在餐盘上时，服务员方可撤盘，更换餐具时，要礼貌地向宾客示意，征得同意后撤下餐盘。

服务员撤餐具应先女士后男士，按顺时针方向服务，站在宾客右侧，左手端托盘，右手将撤下的刀叉分别摆放在托盘内，因西餐刀叉餐具多为不锈钢类，因此分量较重，一次不能撤得过多，可分次撤换，确保操作安全。

2. 撤换酒具

西餐常规摆台有红葡萄酒杯和白葡萄酒杯，服务员要根据宾客所订的酒水，将宾客进餐中不使用的酒具撤下，摆上宾客所需的酒具。

撤换酒具时，服务员要用托盘，在宾客右侧进行，将酒具放在正确的位置上。撤换酒具时，要注意操作卫生，手不能触及杯口，拿杯子下半部或杯柱，做到轻拿轻放，避免相互碰撞，动作要符合规范要求。

西餐撤换烟灰缸、口布和台布的方法与中餐相同。

第三单元　接 待 服 务

模块一　中餐零点接待服务

一、中餐零点接待服务的特点

零点服务是指餐厅为接待零散宾客而进行的服务工作。零点服务是餐厅最普通、最经常的日常工作，是餐厅服务的主要环节。所以，做好零点服务工作是很重要的。零点的宾客一般随到随吃，自行付款。餐厅通常经营一日四餐，有早餐、午餐、晚餐、夜宵等。也有的餐厅全天 24 小时全天候供应。餐厅设置大小不同的餐桌，以适应不同人数的宾客就餐，既可以随到随吃，也可以预约订餐。每个饭口又可能会连续接待几批宾客。零点服务是餐饮服务中最普遍、最常见的一种服务，它在整个餐厅服务工作中占很大比例。其服务方式是餐厅服务员主动向宾客介绍菜品，同时接受宾客点菜，食品饮料服务到桌，最后凭账单结账。

零点服务工作的特点为宾客人数多少不定，需求标准不一，需求菜品种类分散，就餐时间交错。

零点服务包括早餐、午餐、晚餐等每个饭口，每个饭口可能会连续接待几批宾客，就需要翻台。翻台是饮食业专业用语，翻台是指先来宾客用餐完毕，服务员立即清理餐台，马上接待后来的宾客就餐的过程。

二、中餐零点服务环节

餐前准备→迎客导餐→就餐服务→餐后收尾

1. 餐前准备

时间段：具体是指餐厅服务员到岗后至开业前这段时间内。

工作内容：餐前准备是指开业前的一切准备工作，是全程就餐服务的基础。具体指宾客还未来到餐厅之前，在餐厅营业前的各项准备工作。餐前准备工作的好坏，决定全店的服务质量，会直接影响为宾客服务的效率，因此，做好餐前准备工作至关重要。

工作要求：要求餐前各项准备工作到位，即个人准备到位、餐厅环境准备到位、餐用具准备到位、菜品酒水准备到位、各工种服务用具准备到位，具备开业条件。

2. 迎客导餐

时间段：从宾客进店到为宾客开好菜单，并将菜单传到吧台、冷荤、厨房、面点等各部门。

工作内容：迎客导餐服务是将宾客引入座位后，由餐厅服务员向宾客介绍餐厅的经营品种、环境设施、菜肴特色等，引导宾客进行餐饮消费的服务内容。

工作要求：迎客导餐服务是宾客用餐的前奏，是宾客进店的第一印象，服务员要通过热情问候、主动引领、接挂衣物，把真诚的服务给予宾客，让宾客得到温馨的享受。要求服务员要善于揣摩宾客用餐心理，分析宾客用餐的特点，根据宾客的具体情况、用餐需求，推荐适宜菜品，引导宾客科学合理用餐。向宾客介绍菜品的同时，适度推销本店的特色菜、风味菜，让宾客得到餐饮文化的享受。

3. 就餐服务

时间段：从服务员为宾客上酒水饮料开始到宾客用餐结束离店。

工作内容：就餐服务是宾客在店用餐的全过程。要求服务员在宾客用餐过程中勤巡视、多观察，细心体察宾客的用餐需求，可在上菜分餐的服务中通过讲解典故、营养成分、菜品寓意、扶老携幼、用餐照顾等，让宾客得到精神物质的满足。

工作要求：服务员为宾客提供主动、热情、耐心、周到、优质的服务，努力营造愉悦和谐的就餐氛围，为宾客打造再次光顾的平台。

4. 餐后收尾

时间段：宾客离店后，服务员从收台开始到为下一餐接待做好准备。

工作内容：零点餐台餐后收尾要求将宾客送出餐台后开始，按照收台程序进行。

工作要求：环境清洁，重新摆台，餐具齐整，餐椅就位，不留就餐痕迹，做好接待下一餐的各项准备。

三、中餐零点服务环节流程图

中餐零点服务环节流程图如图 3—1 所示。

1. 餐前准备

晨会分工→清洁环境→备物品→备酒水饮料→熟悉当日菜品→仪表仪容→服务心理准备→班前例会→餐前检查

(1) 晨会分工。服务员每天提前 5 分钟到岗报到，穿好工装，参加班前晨会。

晨会一般由餐厅主管或领班主持，时间安排在 5 分钟左右为宜。晨会主要内容是检查出勤、卫生分工、分派当日工作任务和服务区域等。

根据服务工作的性质，餐厅服务员可分为迎宾员、值台员、传菜员、吧台服务员、收款员等。这些具体分工就像一部机器的链条，环环相扣，每个环节的工作，不仅要高质量地完成，而且不能出现差错。任何一个环节出现问题，都会为宾客服务带来麻烦和障碍，直接影响企业的服务质量和信誉。

餐厅服务员每天要接受餐厅主管或领班分配的工作任务。餐厅主管根据散座大厅的布局和设施，根据宾客的人数、消费的规

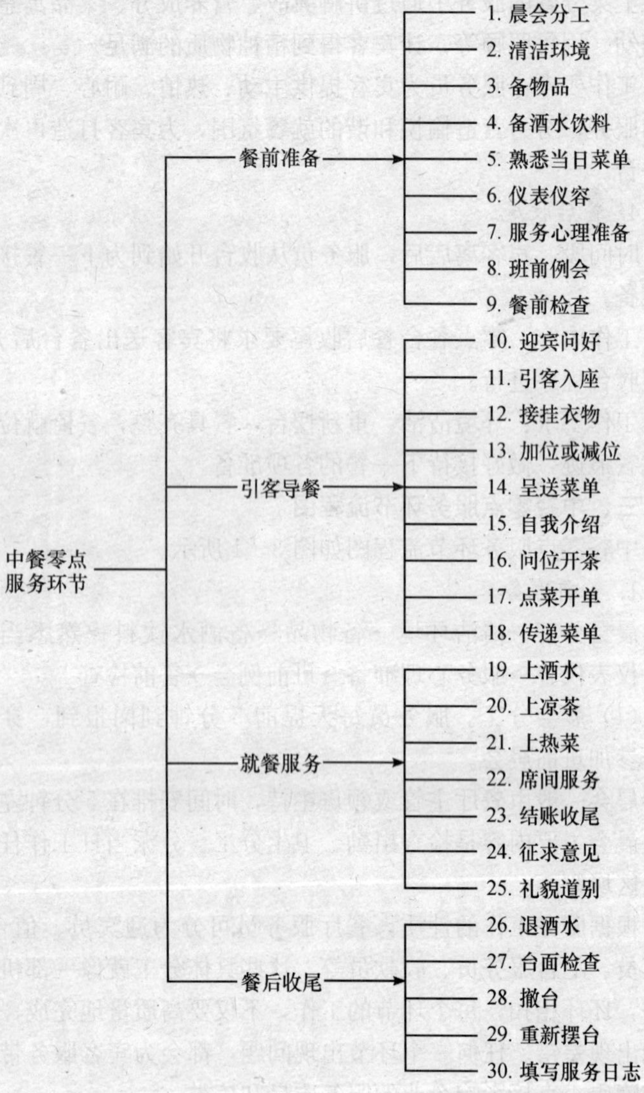

图 3—1　中餐零点服务环节流程图

格和档次，划分为不同的服务区域，每个区域分别安排适宜的服务员。确定每位服务员负责的厅房或零点散座，每人负责服务几张餐台。

对于餐厅主管或领班当天分派的工作任务，餐厅服务员每天要认真听取，服从分配，高质量、高标准地完成。

（2）清洁环境。

1）服务员清洁环境卫生。主要是餐厅环境卫生。开窗通风，保持空气清洁，掸净天花板和墙壁、物品上的灰尘，清洁地面，地面扫尘、擦拭、打蜡或吸尘。检查整理墙饰、装饰物，擦亮门窗玻璃及手柄，擦干净餐桌、餐椅、工作台。要求干净、无灰尘、无油污。

2）清洁环境要求。做到地面干净，工作间清洁，工作台干净，无水迹，柜中物品小件、餐具摆放井然有序、整齐，转台无油腻、无污渍。工作台不得摆放私人物品。

3）服务员按要求摆好餐位。包括：餐台、餐椅是否摆放整齐美观；椅子是否完好无损；发现问题及时更换，修理；台布铺放是否符合标准。在擦尘的过程中要随时检查餐桌、餐椅有无松动、破损，若不安全应及时修复或更换。

4）餐厅领班检查餐厅设备、设施。清洁桌椅，光亮无尘，桌椅吊线，使餐桌、餐椅摆放纵横成线，餐具的企业标志、商标在上，方向一致，以求协调、美观。调好室内灯光，适度装饰。摆好室内的屏风、装饰物等，促销宣传品放在醒目的位置。逢节假日或宾客有特殊要求的要对餐厅进行美化工作。

（3）备物品。

1）餐酒用具准备。将消过毒的碗筷、盘碟、茶具等整理备齐，按形状、规格摆放，叠放有序。检查餐厅餐酒用具数量，将所需餐具骨碟、汤碗、汤匙、筷子等，所需酒具水杯、葡萄酒杯、白酒杯等，消毒后放在备餐间或工作台上，为服务员摆台做好准备。

2）服务用品准备。备好所需服务用品，如台布、餐巾、纸巾、调料壶、牙签筒、烟灰缸、冰桶、洗手盅、开瓶工具、托盘等。托盘使用后，要清洗、晾干。托盘要保持干净、平整、整洁、无油渍、无水迹、无破损。根据企业档次、服务规格、季节变化等，准备好冷热适度的小毛巾。

3）佐料的准备。根据当天的供应品种，配制与菜品相应的佐料及用具。

（4）备酒水饮料。备好开餐供应的酒水、饮料、茶叶、开水、冰块等。

（5）熟悉当日供应菜品。了解当天菜肴、冷荤、面点、酒水、饮料等品种的供应情况。熟悉菜单的品种、价格、主料、辅料、烹调方法、口味特点等。尤其应熟悉当日供应的特色菜、推销菜、受季节变化供应的时价菜及推销的面点、酒水、饮料等，以便于适度推销。

（6）仪表仪容。服务员上岗前要整理个人卫生、自查仪表仪容，是否符合卫生要求。服务员要按企业规定，规范着装，工作服要整洁，纽扣齐全，做到无污渍、无破损、无褶皱。左上胸佩戴服务标志，并自查个人整体形象，女服务员要淡妆上岗，除手表外，一般不戴各种饰物。

检查自己的精神面貌，满腔热忱，面带微笑，举止端庄，落落大方。

（7）服务心理准备。上岗前，餐厅服务员要调整好自己的情绪，要排除不良情绪，保持阳光的心态，精神饱满，满腔热忱地接待好每一位宾客。

（8）班前例会。餐厅经理每天营业前召开例会，也称为班前会，班前例会召开一般以 10～15 分钟为宜。班前例会主要内容有：查上岗服务员仪容仪表是否端庄大方；传达上级领导指示；反馈宾客信息；总结前一天的服务工作；根据前一日出现的服务态度、服务质量问题，提出当日服务接待的改进措施；特别是对有预订的宾客，要知晓预订宾客用餐的具体要求和有关事宜；了解宾客是否有特别的注意事项等。

服务贴士

不同类型宾客到店后的接待方法

每位服务员接受任务后，要认真按照经理例会的服务要求去做服务准备，对不同类型宾客进店，采用不同的接待方法。

◆ 如果是预订的宾客，一定要了解宾客预订的要求，在餐厅经营允许的情况下，努力满足宾客的需求。

◆ 如果是初次来店的宾客，服务员一定要千方百计为宾客留下好印象，成为他们再次光顾的理由，给宾客创造下次再来的机会。

◆ 如果是回头客，服务员要通过记忆或宾客服务档案，回忆、查阅、了解宾客用餐的特点、习俗等，查阅一下上次宾客品尝的菜点品种及用餐情况，提供周到的服务。

◆ 如果是 VIP 宾客，迎宾员要及时向领导汇报，按照领导的要求，与餐厅服务员配合，不但要重点做好服务工作，而且要与保安配合，做好停车位及安全保卫工作。

(9) 餐前检查。由餐厅经理或主管检查开业前的各项准备工作。

1) 精神面貌检查。检查引导服务员进入工作状态，排除不良情绪，心理健康，精神饱满，面带微笑，自然大方。

2) 台面摆放检查。餐具整齐，干净无破损，餐巾无洞，无污渍。备用餐具品种数量齐全、充足，清洁卫生，码放整齐，餐椅干净无尘，坐垫无污渍，餐椅横竖对齐。

3）当日供应品种检查。菜谱，当日供应的特价菜、品种、容器、跟上的小料等是否准备齐全。

4）服务用品检查。工作台面上托盘放置整齐划一，服务用品摆放有序，清洁卫生，无缺口，数量符合要求。菜谱、菜单、圆珠笔、打火机、开瓶器等备齐。

5）餐厅陈设检查。展示柜的展品干净、整洁、无尘，墙饰挂件摆设合理、艺术、牢固，绿色植物无尘、无枯黄，生机盎然。

6）安全卫生检查。室内空气新鲜，环境宜人，灯光、室温适度（空调一般提前半小时开放，一般上午11时，下午17时）。空调设备完好正常，地毯要做到平展、无纸屑、无脏物、无卷边，地毯接缝安全。检查餐桌、餐椅、工作台牢固安全。卫生间、衣帽间等指示牌清晰无损，卫生间的卫生用品干净齐备。

如发现问题及时解决，解决不了的问题应及时向上级汇报，以便及时处理。

2. 迎客导餐

迎宾问好→引客入座→接挂衣物→加位或减位→呈送菜谱→自我介绍→问位开茶→点菜开单→传递菜单

（1）迎宾问好。迎宾员提前5分钟到位，站在指定的位置上，恭候宾客到来。值台员标准站姿，站立于分工区域内，等待开餐迎接宾客。

服务员站立要端正，不依靠任何物体，双脚不可交叉，双手自然交叠在腹前，仪态端庄，精神饱满，面带微笑。迎宾员见到宾客应做到：3米以内有微笑，1米以内有迎声。宾客进入餐厅时，迎宾员要热情迎接，礼貌问候："您好！欢迎您光临！您一共几位？请问您预订了吗？"询问宾客人数及预订等情况。

服务贴士

迎客导餐——宾客的第一印象

餐厅服务员做好迎客导餐服务工作是为宾客提供享受型服务的具体要求。因为宾客的第一印象极其重要，在某种意义上来说，是餐厅文化的象征。迎宾员主动引领、耐心介绍是宾客进店后得到的第一感受，很多宾客不十分了解我们餐厅，特别是初次来店的宾客，虽然有广告宣传，不一定十分了解我们餐厅经营的品种，但又想吃得惬意、体面、实惠、够档次，这恰恰是我们服务的初衷，是我们餐厅服务的延伸。餐厅服务员通过引导宾客消费，引导宾客餐饮结构做到荤素搭配、粗细搭配、不同原料的搭配，使宾客能够营养用餐、科学用餐。

餐厅服务员要做好迎客导餐工作，平时要及时捕捉各类信息，必须提前做好准备工作。如：

◆掌握就餐宾客的人数、身份、国籍、民族、宗教信仰等。

◆了解宾客用餐标准、菜肴特色、菜点内容、开餐时间等。

◆了解宾客的饮食忌讳与特殊要求。

◆熟悉餐厅的历史、厨师的技术力量、获奖情况、餐厅的设备设施和服务功能、各厅房的装饰特色等。

◆对上级领导或文化名人来店用餐信息，应及时记录贵宾档案。

（2）引客入座。当迎宾员将宾客带入餐厅服务区域时，值台员应立即上前，主动接应，见到宾客主动问候，微笑致意，表示欢迎！将有预订的宾客引至指定的位置。未预订的宾客根据具体情况引至合适的位置。

引客入座要求：以鞠躬礼迎接宾客，以温馨的微笑服务宾客，帮助宾客提拿衣物。迎宾员走在宾客左前方，距离宾客1米远，用手指引示意，遇拐弯、上楼梯时，应提示宾客。

(3) 接挂衣物。将宾客引领至餐台后，迎宾员与值台员配合，主动为宾客接衣接帽，帮助宾客提拿物品，然后双手端送餐椅，操作轻，不能让发出的声音，以免分散宾客的注意力。用手势和语言，请宾客入座。

(4) 增位或撤位。若宾客就餐人数与餐位不符时，需要增撤餐位。其工作程序是：先增撤餐位，后增撤餐酒具。餐位增撤后，迅速增撤餐酒具，尽快将台面的餐酒具对应摆放，保持台面协调一致。增撤餐酒用具时，均应使用托盘操作。

(5) 呈送菜谱。服务员用双手礼貌地将菜谱呈送给宾客，并打开菜谱的第一页，请宾客看点菜，并介绍说："我店经营的是××菜系，请您点菜/请您过目。"

(6) 自我介绍。在行业内也称为开场白。自我介绍时，服务员要向宾客介绍自己的工号、身份及工作职责，说明自己是为本桌服务的餐厅服务员。

服务贴士

服务员如何进行自我介绍

服务员的自我介绍，是为宾客服务的一种文明展示。这里的"我"字有双重含义：狭义的"我"是指本人，广义的"我"是指我所在的餐厅。

自我介绍有三大好处，一是通过介绍自己的基本情况，使宾客知道谁是负责本桌的餐厅服务员，让宾客心中有数，便于服务。二是通过服务员介绍可以让宾客熟悉、了解用餐的有关信息。三是服务员的自我介绍，可以加强与宾客的沟通，缩小宾客与餐厅的距离。例如，在自我介绍中可以根据具体场景，送去节日的问候、生日的祝福、美好的祝愿、幸福的回忆等。可以说，自我介绍实际是餐厅的一张明信片，是树立餐厅形象的信誉标志。

自我介绍可选多种形式，要根据宾客不同情况，采用不同类型的介绍语：

◆ 接待初次来店的宾客

先生/女士，您好！欢迎您来到我们餐厅！

我是××号服务员，今天由我来为您服务，希望我的服务能令您满意！

我店经营正宗传统的××菜风味。

我可以为您推荐一道风味菜××××，希望您多提宝贵意见！

◆ 接待熟悉的宾客

文爷爷，全家好！今天由我来为您服务！

今天是文爷爷八十大寿，我们祝文爷爷福如东海长流水，寿比南山不老松！

厨师长知道今天是文爷爷的好日子，特地为您准备了子孙寿桃和长寿面。

祝您幸福晚年长又长！

◆ 自我介绍可长可短，根据宾客用餐的具体情况而定。

(7) 问位开茶。宾客入座看菜单时，留出宾客选菜的时间。这时，服务员主动为宾客上香巾（也称为小毛巾），上茶水。

服务员为宾客上香巾时，应根据季节变化，为宾客送上的小毛巾要冷热适宜。上小毛巾要使用专用的毛巾托、毛巾夹等。

由于宾客饮茶习惯不同，要向宾客问茶，向宾客介绍茶的品种，征询意见，根据宾客的选择，按需开茶。茶位开好后，为宾客斟茶，接受宾客点菜。

服务贴士

斟茶服务

◆ 开茶时，注意卫生，不能用手拿取茶叶，应该用茶勺按茶位取茶。

◆ 将茶沏好，为宾客按位斟茶。

◆ 斟茶时，站在宾客右侧斟倒第一杯礼貌茶，右手执壶，左手自然下垂，或托托盘。

◆ 敬茶的礼仪：先宾后主，年长者为先，先老后少。

对于东西欧的宾客，应是先女士、后先生。

如服务单杯茶水时，应用托盘，左手托盘，右手奉送。

将茶奉送至宾客面前时，应轻声告诉宾客“请您品茶”！

若是带握柄的茶具，应将握柄转至宾客右手一侧。

◆ 斟茶不要太满，七分满为宜。

◆ 为宾客续茶时，右手持壶，左手轻压壶盖，徐徐斟入，壶嘴不要直接朝向宾客。

（8）点菜开单。接受宾客点菜是餐厅服务的中心环节，也是体现餐厅服务员服务技能和销售技能的重要时机。服务员要准备好小票、笔，或服务员使用点菜器点菜。

开单时，服务员应站在宾客左后侧。在宾客点菜过程中，服务员要当好宾客的参谋，主动向宾客介绍菜点品种，要有意识地推销，要根据开茶时，与宾客的接触和对宾客的了解，善于分析宾客的地域、风俗、用餐目的，进行有针对性的介绍。当宾客选择时，可向宾客介绍菜肴的特点或口味，建议宾客可以点什么菜，也可向宾客推销特价菜、风味菜或厨师长特别推荐菜。服务员要适时介绍菜肴的特点，根据宾客人数介绍菜肴数量，并认真回答宾客的询问。

开菜单时，字迹要清楚，注明日期、台号、人数，本人的姓名或工号，宾客所点的菜品、酒水、饮料及主食，做到输入准确无误。最后在宾客点菜结束后，服务员要主动重复宾客所点菜肴的名称和数量。如宾客点的菜品中有费工费时的，应及时提醒宾客耐心等候。最后询问宾客有无忌口。

宾客点酒水、饮料的方法，可参照点菜服务程序。

宾客确定菜点、酒水后，要迅速开单。

宾客点菜后，要为宾客撤去筷套和用过的小毛巾。

服务贴士

餐厅服务员点菜推销的技巧

为了回答这个问题，先看下面一段对话：

林文和张杰是两名餐厅服务员，为了推销的问题，两个人展开了对话。

林文：今天领班让咱们开菜单时要学会推销，我怎么去推销啊？是不是卖大号？

张杰：不是！是介绍咱们店的品种。

林文：那我怎么去说呀？我喜欢宾客点菜我看着，宾客说着我写着，宾客点完我念着，这多省事啊！

张杰：宾客自己点菜是咱们省事，但是有的宾客，尤其是第一次来的宾客，他们不了解我们的菜品啊！我们应该想办法，为宾客安排得满意才是。

林文：可是我觉得满意不满意，反正是宾客自己点的菜。

张杰：宾客来到咱们店，用餐目的不一样，有品尝的、家宴的，有宴请的、商务的，有旅游的、观光的，好多呢！

林文：这么多，我从哪儿去说呀？

张杰：品尝家宴的宾客，你应该先介绍老人和小孩的菜肴。商务宴请的宾客，可以先听听主办方的要求，尊重主宾的饮食习惯和特点去安排。旅游观光的宾客，应多介绍咱们的风味菜、特色菜。

林文：啊！这么多，我可要向背书一样，天天去背啦！

张杰：这还不够，每天来店的宾客，用餐目的不同，什么样的都有，自己要留心观察。

林文：噢！我明白了。

张杰：明白了还不够，还要用，还要记住！

以上对话是从一个侧面说明点菜推销，在实际工作中，可以利用餐厅的特色及品种，引发宾客的就餐兴趣，以满足宾客的物质和精神需求。

可以从以下几个方面介绍：

◆ 介绍餐厅的概况，以介绍店史为题，向宾客介绍饮食文化。

◆ 介绍餐厅的菜品、风味特色菜点以及服务项目。

◆ 介绍主厨的技术水平和菜品的获奖情况。

◆ 介绍菜点的搭配与设计知识及营养配餐知识。

◆ 对有特殊风味和食用方法的菜肴要介绍说明，并为宾客演示正确的食用方法。

◆ 介绍菜肴典故，引导宾客对菜肴产生浓厚的兴趣。

◆ 引见餐厅的负责人，负责人可以向宾客致谢或致欢迎辞。

◆ 发挥语言的艺术性，利用菜品或面点的象征、预示着吉利、富贵的含义等。

（9）传递菜单。宾客点菜后，服务员下单。服务员分别向各个部门发送信息，说明宾客所点的菜品、酒水、饮料的名称、数量、特殊要求等。到吧台领取宾客所点的酒水。

3. 就餐服务

（1）上酒水。服务员按照宾客点的酒水品种，及时到吧台拿取，检查酒水、饮料的生产日期、外包装及酒水质量，检查无误后，用托盘为宾客展示酒水，将酒水、饮料按要求准确地呈上，当着宾客的面展示酒水、开瓶。开瓶时动作要迅速规范，注意安全，不要发出响声。为宾客斟倒第一杯酒水、饮料。斟倒完毕，将酒瓶放在工作台上，随手撤下斟完的空瓶。

（2）上凉菜。传菜员传菜要准确。值台员核实菜品，将宾客点的凉菜放在餐台上，报菜名，介绍口味特色，取下保鲜膜。

（3）上热菜。按中餐上菜的程序和要求，先后上好每一道菜。

上第一道菜时，不能让宾客久等，最多不超过10～15分钟，并不时向宾客打招呼，如“对不起，请您稍等”，如宾客有急事，一定要通知厨房，前后沟通，尽快出菜。上热菜时，遵照宾客的意见，随上主食。每上一道菜，必须礼貌地向宾客报菜名，服务员为宾客介绍每一道菜品及菜品典故，音量和语速以宾客听清为宜。根据宾客需求及菜品情况，为宾客提供分菜服务。

每上一道菜的同时，在菜单上注销一道，宾客用餐中随时添加的菜品和酒水，服务员要及时输入软件系统，以免漏账或错上。上完最后一道菜时，也应提醒宾客“您的菜上齐了，请慢用”等服务用语，让宾客心中有数。

（4）席间服务。宾客用餐时，餐厅服务员应尽量减少走动，不要给宾客造成不安稳的感觉。尽量用视觉、听觉巡视自己所负责的餐台，观察宾客有什么新的要求，主动地为宾客服务。

1）席间随时为宾客倒酒、饮料，烟灰缸里不得超过两个烟蒂，发现有烟蒂时，立即换掉。

2）更换骨碟。根据用餐的标准和档次，及时更换骨碟。例如，宾客盘中有骨、刺等，及时更换用过的餐具。宾客食用海鲜菜肴时，应及时送上洗手盅、小毛巾或餐巾纸等，并向宾客介绍洗手盅的用途。随时清理台面，保持餐台清洁，征得宾客同意后，可将大盘菜换小盘，随手撤下空盘、空罐、空瓶等，随时注意餐台台面的卫生和整体协调。

3）注意宾客进餐速度，随时与厨房联系出菜速度。在规定时间内，当发现宾客所选菜品没有上齐，应马上与传菜员联系，尽快上菜。主动为宾客分派主食和汤品。

4）勤巡视，观察宾客进餐情况，勤巡视每桌宾客台面，发现需求要马上解决，良好的服务体现在服务员做在宾客之前。例如，随时为宾客添加酒水，推销饮料。及时整理餐台，做到“人未到声先到”。有求必应，有问必答，态度和蔼，语言亲切，服务周到，不要等宾客举手，应提前预测、及时发现宾客的要求，提供满意服务。

5）宾客的酒水、菜肴、主食全都上齐后，要告知宾客，并询问宾客是否还需要添加点别的，是否可以上甜品和水果。

服务贴士

席间服务中遇到的问题及处理方法

◆宾客已经点好的菜品暂时售完。如果宾客已经点好的菜品，在供应中若暂时售完，要及时礼貌地告知宾客，并表示歉意，帮助宾客调换，尽快开好菜单，以最快速度让厨房烹制。

◆宾客有特别要求时。如宾客有特别要求时，应尽量给予解决，不可说否定语，如“不行”“没有”“不知道”等语言，如确有难，应向宾客说“对不起”“请稍等”，然后立即向领班或经理报告，一定要给宾客一个答复或请经理出面解释。

◆宾客的筷子、餐巾等掉地。如遇宾客的筷子、餐巾等掉在地上，应立即先换上干净的，再把脏的撤走。

◆宾客不会用筷子。如遇宾客不会用筷子时，应立即给宾客提供刀叉。

◆宾客碰翻茶杯、饮料。在开餐过程中，若宾客碰翻了茶杯、饮料等，弄脏宾客的衣服和台面，要用干净的餐巾或小毛巾迅速帮助宾客擦拭，用干净的餐巾盖在弄脏的台面上，并重新斟酒水。

◆宾客预订特别菜肴。若遇宾客预订特别菜肴时，应与厨师长联络，或向经理报告，并记清预订菜肴的名称、数量、宾客姓名、台号、用餐时间等。

◆宾客中途离座。如宾客中途离座，及时将餐台上宾客用过的餐酒具整理好、台面收拾干净。

◆ 宾客用餐后期的服务。宾客用餐后期，餐厅服务员应适时主动地向宾客介绍餐后甜食和水果，并提供快捷的服务。在宾客享用水果时，准备好宾客的账单。宾客用餐结束时，留意观察是否需要补充牙签。如果宾客桌上有多余的菜点，服务员要主动问清宾客是否带走，用食品盒包装妥贴后，交给宾客带走。

◆ 零点翻台。大厅零点需要翻台时，应以最轻的动作，用托盘将所有的脏餐具和剩菜撤至后台处理。不要当宾客的面刮放剩菜，铺台布时，不要过分抖铺，防止扬起灰尘。

◆ 宾客投诉。开餐过程中，如遇宾客投诉，应及时报告领班，重要投诉应立即向经理汇报，让经理出面处理。注意对酒醉宾客的提醒并及时报告上级。

◆ 征求宾客意见的时机。宾客用餐快结束时，应主动征求宾客意见，宾客用餐完毕时，应及时为宾客送上热茶和小毛巾。

(5) 结账收款。宾客就餐完毕，示意结账，根据宾客的付款方式正确地为宾客结账。

服务员应迅速将账单呈送于宾客面前，请宾客过目，用收银夹将明细单送给宾客，呈送账单时，身体略微向前倾斜，并音量适中，礼貌地说："先生，这是您的账单，请您阅目。"并礼貌地小声告诉宾客应付金额。

结账时，要核对账单，确认订单、台号、人数、所点的品种，数量与账单相符后再结账，不可造成漏单、错单现象。

收款时，说话距离宾客不宜太近，防止口腔异味；也不宜太远。收款后要向宾客道谢，并把凭证交给付款宾客。

如果宾客用现金结账，应与宾客核对金额，找回零钱，应连同账单票据，一同呈送给宾客，并向宾客表示感谢，后退一步再转身离去。

当宾客要离座时，轻轻拉开餐椅，提醒宾客不要忘记所带物品，并热情地表示欢迎宾客再次光临。

(6) 征求意见。主动征求宾客意见，并将意见转报给领班或主管。

(7) 礼貌道别。宾客离座后，服务员提醒宾客带好随身的物品，并礼貌道别，送出餐台。宾客走时，服务员应先迅速检查餐台，查看有无宾客遗落的物品。一经发现，应马上交还给宾客。如宾客已离去，应告知值班经理，以免被损坏或被他人冒领。宾客用餐完毕离开餐厅时，迎宾员应主动使用文明敬语与宾客礼貌道别。

4. 餐后收尾

(1) 退酒水。将多余的酒水、饮料如数退还给酒吧，并办好领退手续。

(2) 查安全。检查台面、台布、椅面上有无未熄灭的烟蒂。

(3) 服务员撤台。撤台工作要循序渐进，先收小毛巾、口布等，然后再收玻璃器皿、瓷器，瓷器与玻璃器皿要分开，收台时动作要轻，防止破损，收拾脏盘时要刮净残菜、摆放整齐，送至洗碗间。取送时，防止因摩擦和摆放不当而打碎。台面撤净后，整理清扫餐厅卫生。清理现场，服务用的餐具和物件要及时清洗、消毒，擦拭干净，分类保管，以备再用。将餐桌摆放原处，整理餐椅，摆放整齐。为下一餐工作打下良好的基础。

(4) 重新摆台。待台面撤净后，布置好餐台，铺上干净的台布，摆上新餐具，使餐台恢复原样。擦净餐台转盘，花瓶摆放转盘中间，准备迎接下一批宾客。

(5) 填写服务日志。管理人员根据当日服务工作的情况每天跟踪记录，填写服务日志。

服务贴士

如何写服务日志

◆ 记录年、月、日、天气、桌号、房间号、时间（时间以24小时为记录单位）。

◆ 记录一天服务接待的情况，对当天接待的客源进行分析，对重点宾客建立服务档案。

◆ 总结一天服务工作，成功的经验、失败的教训、改进的措施是什么？

◆ 对于重点服务的分析、宾客的表扬及投诉、解决的方法及效果，如有损失，应将损失的金额记录下来。

◆ 今天工作是否有突破？如营销、服务等是否有提高？

◆ 记录推销的方法、内容、效果（主推菜品）。

◆ 记录工作上最受感动的人和事。

◆ 记录菜品质量的检查结果。

◆ 记录服务质量、服务知识的检查结果。

◆ 记录仪容仪表、着装、卫生等项的检查结果。

◆ 记录明天要强调的工作重点及要求等。

模块二　中餐宴会接待服务

宴会是因民间习俗或社交礼仪需要，以饮食的方式进行人际交往的宴饮聚会。

一、宴会的种类

宴会种类很多，由于宴会主题不同，因此，虽然都是一桌宴席，其属性各异。

1. 按宴会的餐别划分

按宴会的餐别划分，宴会有中餐宴会、西餐宴会、中西结合宴会（见表 3—1）。

表 3—1　　宴会的餐别及特点

类别	特　点
中餐宴会	采用中式家具餐具、茶具，品尝中餐菜点，享受中国式服务，用中国人的进餐方式用餐
西餐宴会	西餐是欧美各国菜肴的总称。其特点是提供西式菜点，采用西式家具餐具、茶具，选用西方人用餐方式
中西结合宴会	中西结合宴会是现代高档宴会流行趋势。即采用中式家具、茶具，选用中式餐具，配之以西式刀叉，品尝中西菜点，享用分餐各吃服务

2. 按宴会的规格划分

按宴会的规格划分，宴会有国宴、正式宴会、普通宴会和家宴（见表 3—2）。

3. 按宴会的消费标准划分

按宴会的消费标准划分，宴会有一般便宴、高档宴会和中档宴会（见表 3—3）。

4. 按宴会的时间划分

按宴会的时间划分，宴会有午宴和晚宴（见表 3—4）。

表 3—2　　　　　　　宴会的规格及特点

类别	特　点
国宴	1. 国宴是国家元首、政府首脑为国家庆典或来访的外国元首、政府首脑而举行的正式宴会，在所有宴会中规格最高 2. 国宴不仅表现在国宴主宾双方身份最高，还突出反映国宴是外交礼仪活动之一。其含义已超出单纯的餐饮行为，通过外宾的餐饮活动，使外宾了解中国、了解中国的饮食文化，达到相互了解、增进友谊的目的 3. 国宴庄重而隆重，宴会厅内悬挂国旗，相关的印刷品上印有国徽，安排乐队，演奏国歌及席间曲，有致辞或祝酒辞程序 4. 宴会自始至终，从菜单设计到宴会服务，都十分考究 5. 对出席者的服饰也多有规定，或约定俗成，或明示要求 6. 国宴的安全保卫工作十分严谨
正式宴会	除不挂国旗、不奏国歌等国宴专有特征外，其他安排大体与国宴相同，尤其服饰着装和座次席位安排方面非常讲究
普通宴会	也称便宴、非正式宴会。这类宴会形式简便，可以不排座位，不作正式讲话，菜肴的品种、道数也可酌减，席间气氛活跃、亲切、随意，适用于婚礼、祝寿、酬谢、饯行、团聚或日常友好交往等
家宴	指在家中设便宴招待宾客，许多国家均有采用家宴形式款待宾客的习俗。家宴祥和亲切，多用于联络沟通感情、增进人际关系。家宴往往由主妇亲自下厨烹调，家人共同招待

表 3—3　　宴会的消费标准及特点

类别	特　点
一般便宴	大多经济实惠，菜肴原料不太昂贵，菜品数量适中，宴会气氛随和，是私人宴请多采用的形式之一
高档宴会	消费标准高，讲究档次，注重排场，所选用的菜品多为山珍海味，饮品多为名贵陈酿，对用餐环境、台面服务、名厨主理等十分看重。多用于宴请贵宾或表现经济实力。宴会的消费标准与宴会的规格没有内在的、必然的联系，规格高档，消费标准未必很高；消费标准高档，规格未必很高；为此，服务员均应提供最佳服务
中档宴会	其特点居于一般便宴和高档宴会之间

表 3—4　　宴会的时间及特点

类别	特　点
午宴	多适用于非正式宴会。一般中午 12 时左右举行
晚宴	多适用于安排正式宴会。一般晚上 6 时左右举行，有些国家的晚宴常于晚 8 时以后才开始

5. 按宗教饮食习俗划分

按宗教饮食习俗划分，宴会有素食宴会和清真宴会（见表 3—5）。

6. 其他类别

（1）按宴会进餐形式划分，有坐式和立式。

坐式：即设置圆桌或长台，围以餐椅，有固定座位。绝大部分宴会采用坐式，属坐餐宴会。

立式：即进餐形式选择站立，只有鸡尾酒会或部分冷餐会，有时采用立式进餐形式，有时也采用混合交替进餐形式。

表 3—5　　宗教宴会饮食习俗及特点

类别	特　点
素食宴会	又称为素席或斋席，起源于宗教寺庙，供佛教徒、道教徒及忌荤腥者食用。素食以豆制品、蔬菜、植物油为主要原料，营养丰富，别有风味，受到宾客的喜爱。素席菜肴常有模仿荤菜造型制作，有的直接用荤菜的菜名命名，如松鼠鳜鱼等
清真宴会	多以牛肉、羊肉及蔬菜、植物油等为主要原料，烹制成各种适合伊斯兰教饮食习俗的菜品。清真食品不仅深受中东、北非、东南亚众多国家和我国广大穆斯林的欢迎，而且日益得到兄弟民族的喜欢。在我国北方，尤其在秋冬季节，烤羊肉、涮羊肉等典型的穆斯林的食法，已越来越为宾客所接受

(2) 按宴请目的划分，有庆祝宴会、欢迎宴会、欢送宴会、答谢宴会、祝寿宴会、婚嫁宴会、商务宴会、团聚宴会等。

(3) 按宴会享用的主要菜品划分，有燕翅席、全鸭席、全羊席、满汉全席、鱼宴、蛇宴、蟹宴、豆腐宴、饺子宴会等。

服务员之所以要掌握宴会的不同类别，因为宴会有别于一般进餐活动。目的在于把握宴会主题，了解主办方宴请的目的，宴会自始至终，从菜单设计、就餐环境、台面摆设、菜品质量、厨师技艺、服务程序、组织协调能力、整体接待水平等各个方面，是服务员服务素质和服务技能的展示和演练，服务员要根据宴会的不同类别，提供有针对性的饮食文化服务。

二、中餐宴会特点

中餐宴会的特点，表现在宴会服务过程中的程序化、规范化、标准化和宴会经营中的统一性。

1. 程序化

程序化是指宴会服务程序、工作流程的前后顺序。

宴会工作的实施，需要前台、后台相互协调配合共同完成，每个岗位均有本岗的服务流程，宴会过程中服务程序不简化、不缺项、不颠倒、不漏项，每位服务员不能疏忽，不能图省事、怕麻烦，要提高服务质量，听从指挥，严格遵守服务程序，使宴会在完整的程序中良性运转，保证宴会在友好、和谐的气氛中顺利进行。

2. 规范化

规范化是指服务员在接待中，从宾客进店到宴会结束，各服务环节工作条理性强，要按照规范，服务到位。

宴会一般规格较高，参加宴会的主宾身份较高，讲气氛，讲排场，要求服务工作周到细致。从服务员仪表仪容，到宴会厅设计、环境绿化美化、灯光音响、餐台摆放与装饰、菜单编制等方面，都十分讲究。服务员应从主办方的角度出发，替主办方招待好各位宾朋，尤其要照顾好主宾。

3. 标准化

标准化是指宴会服务标准统一，质量规格具体，提供一体化服务。

各岗位每个服务环节都有具体的操作规范、质量标准，服务员应自觉按照服务标准，为宾客提供标准化服务，前台和后台组成一个服务整体，服务员要通过实施标准化服务，塑造良好的企业形象。

4. 宴会经营中的统一性

宴会经营中的统一性主要表现在标准统一、菜式统一、规格统一、进餐时间统一、台面摆放统一。

三、中餐宴会预订

1. 宴会预订程序

（1）为宾客咨询服务。服务员熟练掌握宴会预订工作内容、工作程序和预订方法，了解宴会厅的设施设备、经营范围、预订标准和场地利用状况，熟练解答宾客对宴会有关的咨询和询问。

（2）掌握预订方式。预订方式有面谈预订、电话预订、信函预订、前厅预订等。

（3）宴会预订记录。准确记录宴会名称、主办单位、预订人姓名、地址电话、宴会类别、预订人数、宴会标准、开席时间、场地要求、座位排列、菜单、酒水要求等，预订单书写或打印整洁规范。

（4）编制菜单。服务员具备编制菜单工作能力，能够根据宾客的预订要求与标准编制菜单，准确掌握宴会成本与毛利，满足宾客预订要求。

2. 跟踪与确认

（1）宴会预订过程中，对宾客暂订或尚未最后落实的预订，主动、及时与主办单位预订人跟踪服务，保证宴会预订落实。

（2）宴会预订后，大型宴会提前3～5天与预订人联系，中小型宴会提前1～3天与预订人联系，与预订人再次确认宴会菜单，告知宾客已做好宴会准备，防止宴会预订落空。菜单确认后，请宾客签字确认。

3. 联络与准备

宴会正式举办前，厨房、宴会厅、酒水部、工程部、保安部等各有关部门密切配合，通力合作，共同做好宴会前的准备工作。大中型宴会一般提前3天，餐饮部向各有关部门打印宴会通知单。通知单上宴会名称、规格、举办单位、出席人数、宴会标准、菜单与酒水安排、厅堂布置、设备要求、座位、台型要求等明确具体。各部门根据宴会通知单的规格档次、内容与要求，提前做好各项食品、物品、环境等的准备工作，遵照宴会主办方的要求，全力以赴，做好宴会前的各项准备工作。

四、中餐宴会服务环节

中餐宴会服务环节主要介绍宴会服务的有关内容和每一环节的技能要求，可参见中餐零点服务环节有关章节的内容。

中餐宴会服务环节主要包括：

宴会准备→迎宾接待→宴会服务→宴会结束

1. 宴会准备

时间段：指服务人员到岗后至营业前，宾客未到店之前的时间内。

工作内容：按照主办方的要求，做好宴会厅布置、环境绿化、台型设计、摆台、服务用品、备酒水饮料等。

工作要求：宴会前各项准备工作细致、就绪、到位，布局合理，符合宴会主题，为宾客的到来、宴会开始准备周全。

2. 迎宾接待

时间段：指营业开始，迎宾员迎客接待（或未到开业时间，但宾客提前来店）到引客入座。

工作内容：迎宾员微笑服务、主动打招呼、引领宾客，并和值台员配合安排入座。与主管（领班）沟通信息，了解主宾的情况，根据宴会的规格、档次、主宾的身份，对主宾或重要宾客的到来，要及时通报有关领导，重点做好服务接待、安全保卫工作。

工作要求：过硬的服务操作技能和应变能力和整体配合意识。

3. 宴会服务

时间段：从宾客入座后到宾客用餐结束。

工作内容：宴会服务是餐厅实施服务的全过程，为宾客派送酒水饮料、美味佳肴。服务员对宾客的用餐情况要勤巡视，体察宾客的需求，提供真诚服务。结账时，应向宾客真诚致谢，并虚心征求意见。

工作要求：服务员在操作中要做到“三轻”，即说话轻、操作轻、走路轻；“四勤”，即眼勤、口勤、手勤、脚勤；动作姿势优美，服务用语文明，服务过程周到。

4. 宴会结束

时间段：宾客离店后，服务员从收台开始到结束，为下次宴会做好准备。

工作内容：检查宾客有无遗失物品，检查有无未熄灭的烟蒂。宴会结束工作从收台开始，按照收台程序，分别撤贵重餐酒用具、棉织品、餐酒用具等，清洁环境，重新摆台。

工作要求：收台要求待宾客全部离开现场后方可开始，遵守程序，保护器皿，减少磕碰，不要堆叠过高过重，清洗消毒，分类码放。

五、中餐宴会服务环节

中餐宴会服务环节如图 3—2 所示。

1. 宴会准备

(1) 晨会分工。领班检查记录员工出勤情况，根据预订部下达的宴会通知单，确定服务区域，做好人员分工记录，便于工作时检查和服务追踪。

(2) 环境准备。服务员清洁餐厅环境卫生，开窗换气，做到地面、桌面、墙饰、窗帘、绿色植物、装饰物等干净整洁，无尘、无油腻、无污渍，做到宴会厅环境清洁、空气新鲜。

(3) 掌握宴会信息。接到宴会通知单后，服务员要掌握宴会的基本情况、主办者的特殊要求以及宴会的内容和程序、宴会标准情况。

服务员根据宾客的信息，做到“八知”“三了解”。

“八知”，即知国籍、知人数、知台数、知宴会标准、知开餐时间、知菜肴品种和出菜顺序、知主办单位、知邀请对象、知收费办法。

“三了解”，即了解宾客的风俗习惯，了解宾客的生活忌讳，了解宾客的特殊要求。

(4) 物品准备。

1) 宴会厅服务用具的准备，根据菜单所列式的服务要求选配器皿、用具等，计算餐具的用量，进行服务用具的准备。

2) 根据宴会桌数和菜单选配餐酒用具，如银器、瓷器、玻璃器皿、酒具、水杯、台布、餐巾、小毛巾、毛巾夹、桌裙、转

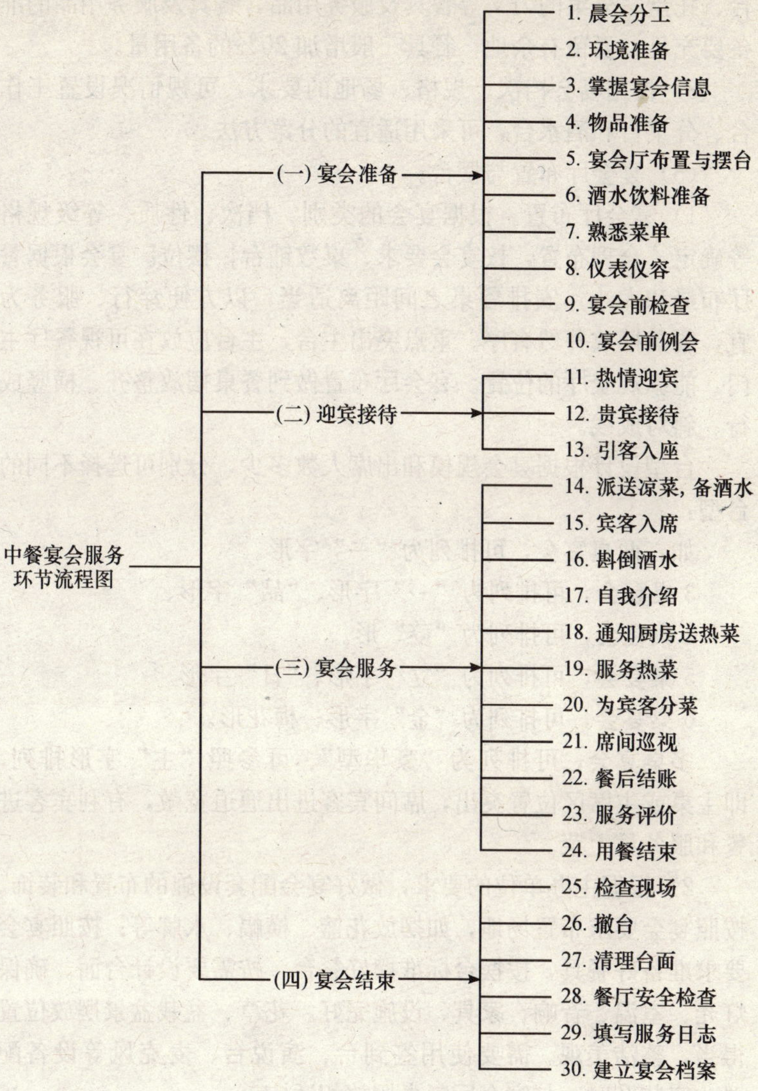

图 3—2　中餐宴会服务环节

台、托盘、分菜的刀叉等餐具及服务用品，餐具及服务用品的准备要充足，要留有余地，餐具一般增加20%的备用量。

3）根据宴会档次、规格、场地的要求，可视情况设置工作台、分菜台和酒水台，可采用适宜的分菜方法。

(5) 宴会厅布置与摆台。

1）宴会厅布置。根据宴会的类别、档次、性质、等级规格等确定，合理布置，按宴会要求、桌数铺台，摆位。宴会根据餐厅布局和大小，安排餐桌之间距离适当，以方便穿行、服务为宜，餐具摆放井然有序。重点突出主台，主台应放在可视餐厅主门，能纵观全厅的位置。宴会厅布置做到餐桌摆放整齐、横竖成行、斜对成线。

台型设计根据宴会规模和出席人数多少，分别可选择不同的台型：

如：两桌宴会，可排列为"一"字形。

3桌宴会，可排列为"一"字形、"品"字形、

4桌宴会，可排列为"菱"形。

5桌宴会，可排列为"立"字形、"日"字形。

6桌宴会，可排列为"金"字形、梅花形。

多桌宴会，可排列为"豪华型"、可参照"主"字形排列，即主桌或主席区位置突出，席间宾客进出通道宽敞，有利宾客进餐和服务员上菜。

2）根据主办单位的要求，做好宴会配套设施的布置和装饰。按照宴会要求布置场地，如摆放花篮、横幅、水牌等；按照宴会要求准备好餐具，按摆台标准摆好餐台，按需要设计台面。确保灯光、室温、音响、家具、设施完好。花草、盆栽盆景摆放位置得当，整洁美观。需要使用签到台、演说台、麦克风等设备配置，安装及时，与宴会厅餐桌摆放相适应。

整个宴会厅布置做到环境美观，设备舒适，清洁卫生，台型设计与设备安装、餐桌摆放与工作台安排整体协调，存放处、休

息室整洁干净，厅内气氛和谐宜人，能够形成独特风格。宾客有舒适感、方便感。

3）宴会摆台（参照第二章中餐宴会摆台程序和标准）。摆台前要双手消毒。台面餐具、茶具、酒具摆放整齐、规范，形象美观；调味品摆放得当；菜单摆放正副主人位；桌号摆放醒目位置；高档宴会宾客席位签摆放端正；烟灰缸单独摆放在工作台上，宾客需要时，及时送上；主桌或主宾席区座次安排符合主办单位要求。

（6）酒水饮料准备。按照宴会要求备足酒水、饮料等；将酒水瓶体擦干净，按要求摆放在工作台，按品种分类摆放，商标朝外，整齐划一；啤酒要根据季节放置合理。备好开启酒水的工具，如酒起子、酒钻、酒篮、冰桶等。

如果宾客自带酒水，提前将各类酒水、饮料擦净瓶身，摆放整齐，包装废弃物收拾整齐，将开餐需用的各类用具整齐放在工作台上，分类摆放。

准备好宾客享用的茶水或饮料。备好小毛巾，根据季节，掌握好小毛巾的温度。

（7）熟悉菜单。服务员要熟悉菜单，以便于服务时介绍，并根据菜品特点，准备好跟用菜品的佐料；值台服务员应了解菜单内容，熟记菜点内容及出菜顺序，以便应对宾客可能对菜点风味提出的询问，掌握每道菜点的价格、菜系、主料、辅料、口味、烹调方法、历史典故、营养价值及服务程序等。

准备就绪后，根据主办方的要求和宴会菜单的出菜顺序，一般宴会开餐前 20 分钟酒水上桌，开餐前 10 分钟按要求摆上冷盘凉菜。若是宴会酒水，可提前 5 分钟，按斟酒要求斟倒红酒和白酒。

（8）仪表仪容。全体服务员上岗前要整理个人卫生、仪容仪表，要符合卫生要求。服务员规范着装，佩戴服务号牌，女服务员要淡妆上岗。开餐前，站在餐厅门口，迎候宾客。

（9）宴会前检查。领班根据标准进行检查，包括宴会台面餐酒用具的检查、卫生检查、安全检查和服务设施检查。

服务贴士

如何进行宴会前检查

宴会各项准备工作就绪后，餐厅主管必须对各项服务准备工作严格检查，防止宴会进行时，由于准备工作不到位，影响宾客的用餐情趣。宴会前检查是做好宴会服务的重要保证。

◆ 宴会台面餐酒用具检查：复查餐台、台布、台面餐具、各种调味品、烟灰缸、牙签等放置是否齐全整洁、符合要求，保证餐具，酒具无缺无损、转台、台布等要摆放整齐、符合要求，完好无缺，桌裙要求整齐无损。不符合要求处及时纠正。餐椅与所铺席位是否对应等；菜单、托盘、备用餐具、小毛巾、工作台内储存物品等是否齐全、清洁；备用数量是否充足。

◆ 卫生检查：重点检查参加宴会服务员的个人卫生情况和仪表仪容，是否按企业规定着装，仪表仪容是否达到了规定的标准。检查台面，餐酒用具消毒卫生；餐厅是否环境幽雅、空气新鲜；室内装饰整洁、干净、无尘。此外，要进行菜肴食品的卫生检查。

◆ 安全检查：检查宴会厅出入口是否畅通无阻，有无障碍；检查安全通道标志是否清晰；检查洗手间的一切用品是否齐全、设备是否完好无损；检查各种灭火器材是否摆放在规定的位置，灭火器周围有无易燃物品；检查宴会厅地面有无污渍、水迹、油渍；检查宴会厅内餐桌、餐椅、沙发等是否牢固可靠、有无松动；检查地毯接缝是否平展，有问题及时修整；检查宴会用的酒精、固体燃料等易燃品有无专人负责管理，放置地点是否安全可靠。

◆服务设施检查：宴会前要检查用电安全。要将电源开关全部打开，检查各组灯具是否完好，电线有无破损，确认灯光照明度。提前半小时调节好室温，夏季室温以 26℃为宜，冬季室温以 22℃为宜。根据宾客的需要，宴会前调试音响，调整好音量，每个话筒依次试音。

(10) 宴会前例会。宴会开始前，宴会厅经理召集服务员例会，强调当日宴会服务的标准和具体要求。讲清宴会性质、规格、出席人数、开席时间及服务要求。可操作示范、可场景模拟、可现场指导，使服务员对当天宴会服务的接待任务清楚明了。服务员熟悉宴会服务的工作内容、服务程度和质量要求。任务分工明确具体。宴会菜单酒水内容清楚。服务员能够背诵菜单，掌握菜肴、面点的品种、风味特点、主要原料、烹饪方法、历史典故等。便于上菜时主动向宾客介绍。

为了使服务员每天愉快地工作，领班可采取多种形式，寓教于乐，善于打造服务员阳光心态，鼓舞士气，让服务员高高兴兴迎来新的一天。

2. 迎宾接待

(1) 热情迎宾。迎宾员站立于岗位，服装整洁，仪容仪表端庄，站姿优美，迎接、问候、引领宾客。

宾客到达时，服务员面带微笑，热情问候，协助主办单位迎接，语言运用规范，服务热情礼貌。

(2) 贵宾接待。如果是贵宾或 VIP 宾客到店，应及时报告单位领导。事先通知门前保安，预留车位，做好安全保卫工作。安排专人接待服务，引领到贵宾休息室，提供茶水、香巾，服务主动热情，根据宴会开始的时间，适时引领至餐厅，座次安排适当。委派专人进行周到服务。

服务贴士

服务员在接待中应做到“四了解”

◆ 了解任务情况，以便根据宾客的要求和餐费标准进行服务。

◆ 了解进餐时间，是按时还是提前或推后，以便做好准备。

◆ 了解宾客生活习俗和口味特点，安排适合的房间和适宜的菜品。

◆ 了解宾客的特殊情况，以便满足宾客的特殊要求。

（3）引客入座。根据预订情况，将宾客引位到指定的餐厅。将椅子拉开让宾客入座，主动帮助宾客把衣帽挂好，整理好；服务员要热情接待，礼貌大方，语言文明，动作敏捷。突出主宾，安排宾客入位。

服务贴士

订餐部或管理人员在接待中应做到“四联系”

◆ 主动与厨房联系。

◆ 主动与接待单位联系。

◆ 主动与主管部门联系。

◆ 主动与看台、传菜员联系。

3. 宴会服务

服务贴士

服务员在宴会接待中应做到“五个一样”

◆ 国籍不同一样主动。

◆ 职位不同一样看待。

◆ 自费公费一样周到。

◆ 肤色不同一样热情。

◆ 时间长短一样耐心。

中餐宴会服务程序如下：

（1）派送凉菜、备酒水。服务员应根据宾客用餐时间，提前十分钟拿凉菜，备部分酒水饮料。

（2）宾客入席。宾客入席后，为宾客铺垫餐巾，脱去筷子套，取下凉菜保鲜膜，做好开餐的各项服务工作。

（3）斟倒酒水。问清所需酒水，从主宾开始斟酒。

（4）自我介绍。主动进行自我介绍（说好开场白），为宾客介绍凉菜菜名及典故，介绍时大方得体，语音流畅，语调亲切，言词简洁清晰。

（5）通知厨房准备上热菜。宾客用凉菜后，服务员通知传菜员上菜，传菜员通知厨房上热菜，传菜员应根据宾客用餐时要求，同厨房协调好，掌握好上菜时间。如上烤鸭，应同鸭房协调好时间，要根据烤鸭烤制时间，安排上菜时间。

（6）服务热菜。服务热菜（成品菜）时，服务员要主动为宾客准备干净的骨碟。热菜上桌后，摆在转台上，展示一圈并介绍菜名、口味、原料及制作方法和配吃的佐料。

服务贴士

宴会服务中应注意以下细节

◆ 宾客离席时，主动拉椅，将餐巾叠好，放于餐位旁。

◆ 宾客回到座位后，应为其更换一条小毛巾。

◆ 两名服务员不要同时为一位宾客服务，以免令宾客左右为难。

◆ 当遇到其他桌的宾客提出问题时，也应迅速解答或提供服务。

◆ 当与宾客相遇时，应让宾客先行。若宾客挡住去路时，应礼貌地轻声说："对不起，请您让一下。"不能粗鲁地越过宾客或硬挤过去。

◆ 服务员之间配合默契，需要离开现场时，应与在场的服务员打招呼，对宾客服务要有衔接。

◆ 宴会中若有领导讲话、欢迎、致谢、文艺演出等场景，需要营造气氛时，应热烈鼓掌，协助主办方渲染气氛。

(7) 为宾客分菜。服务员为宾客分菜时，左手拿餐巾托住菜盘，右手拿叉勺，从主宾左手处分菜，分菜时要姿势优美，动作准确到位。分菜时不要一次分净，盘中宜余留 10%～20%，不要把带汁的菜洒到宾客身上。

服务贴士

宾客品尝烤鸭时，服务员如何示范服务

许多中外宾客都习惯称：“不到长城非好汉，不吃烤鸭真遗憾。”因此，这些游客到北京，都把观长城、吃烤鸭作为旅游的首选。然而作为餐饮业一般上完热菜后，最后一道上烤鸭，让宾客品尝，别有情趣。为此，服务员上烤鸭时，应先向宾客介绍烤鸭，如烤鸭的烤制方法、食用方法、口味特点等。

介绍烤鸭时要先将烤鸭向宾客展示，再作介绍。介绍时要视宴会的情况，观察是新宾客还是回头客，征求主宾的意见，以增添宾客的就餐情趣。介绍时间可长可短，介绍内容可详可略。

服务员为宾客上烤鸭之前，先上齐烤鸭使用的配料，包括葱酱、黄瓜、蒜泥、白糖、空心烧饼、荷叶饼等，为宾客换一道干净的骨碟，再换一条干净的小毛巾。

做卷鸭示范。烤鸭上桌后，开始帮助宾客做卷鸭示范，每次卷鸭肉 2～3 片，使用工具，不能直接用手接触食品。

宾客品尝鸭肉时，征求主宾意见：“先生，您看鸭架是带走，还是做汤？”

根据宾客情况，最后依次上鸭架汤、甜食、水果拼盘等。

(8) 席间巡视。

1) 及时为宾客续斟酒水、饮料。

2) 及时更换烟缸，烟灰缸内有两个烟蒂或装有 1/3 残渣时，应立即更换，更换时，应把清洁的烟缸盖到需换烟缸上面，然后撤到托盘上，再将清洁的烟缸送到餐桌上。

3）根据需要随时撤换餐具，重点宴会一菜一碟，应在宾客右边进行，要先上后撤。即干净骨碟从宾客右侧摆放，然后从宾客的左侧将用过的骨碟撤下。撤换骨碟时，用过的骨碟和干净的骨碟要严格分开，防止交叉污染。

4）见到宾客吸烟时，应主动为宾客点烟（无烟区除外）。

5）主人或主宾离座发表祝词时，服务员应在托盘内摆好红白酒杯各一个，准备递给讲话人。主人或宾客离席去各桌敬酒时，服务员应主动随其身后，及时斟酒。

6）自始至终保持席面清洁整齐，及时清洁席面残物，收取脏餐具及整理桌面餐具。

7）及时清理工作台，保持工作台面的清洁、整齐，撤下的脏餐具由传菜员及时传递到洗碗间。

8）宾客提出的要求要根据情况尽量满足，在整个服务过程中，要提倡主动与宾客交流与服务有关的事宜，态度谦虚、热情，有礼貌，大方得体，不卑不亢。

服务贴士

服务接待程序“十注意”

◆ 注意上菜后，宾客对调味品的需用情况，以便随时添续。

◆ 注意宾客对菜点的使用情况，以便掌握宾客对菜品的喜好和菜量。

◆ 注意宾客对服务、菜点的要求，以求改进质量。

◆ 临时加菜、加酒应尽力满足。

◆ 注意宾客交办的事情要听清、记准、及时解决。

◆ 注意了解菜品和酒水的名称及特点，做到心中有数，便于宾客介绍。

◆ 注意为清真或素食人以及老弱病残、幼小儿童提供特殊照顾服务。

◆ 注意观察，随时发现问题，及时妥善处理。

◆ 注意宾客进餐结束时，请宾客签字转账或交款结账。

◆ 注意检查宾客是否遗忘物品，发现后及时送还。

(9) 餐后结账。宾客用餐结束后，需结账时，服务员应先问清宾客结账方式，选用现金、支票或其他支付形式，要保管好宾客提供的信用卡，用后及时交还宾客，并表示感谢。根据宾客要求，开具结账清单和餐费发票。

餐后，服务员应主动征求宾客意见、建议或填写宾客留言卡，并记录下来。

(10) 礼貌送客。宾客起身，服务员主动为宾客拉椅，配合主办单位告别宾客，提醒携带好随身物品，不要遗忘。礼貌送宾客离去，“请慢走，欢迎再次光临”。

4. 宴会结束

(1) 检查现场。检查桌面、地面是否有宾客遗落的物品。

(2) 撤台。待宾客全部离去后，方可撤台。清理桌面餐具，送到洗碗间。

服务员撤台的步骤：

1) 撤口布、小毛巾（撤口布时，抖干净，再把口布扎成10块1捆）。

2) 撤酒（饮）具。

3) 撤餐具。

4) 撤其他物件。

5）撤台布（台布上是否留有烟蒂、残菜等，清理干净再撤台布）。

（3）清理台面。

1）清洁转台，做到干净无污。

2）清洁接手桌。

3）清洁场地，处理垃圾、进行安全用电检查。

4）再次检查有无宾客遗留物品，若有及时送交保卫部（经理）。

（4）餐厅安全检查。清理完毕后。检查餐厅安全情况，如门窗、电源开关、未熄灭的烟蒂等，确认后方可关灯，锁门。

（5）填写服务日志（参照中餐零点服务环节）。

（6）跟踪回访。宾客离店后，要及时跟踪回访。其目的有三个。一是表示对宾客的感谢，二是请宾客对本次宴会服务进行评估，三是愿意今后继续为贵方服务。跟踪回访要有记录并存档。

（7）建立宴会档案。将宾客用餐的全部信息，整理记录，尤其是宾客对服务环境、服务方式、菜品质量及特殊要求等，输入宴会档案中，为宾客下次用餐提供参考服务。

模块三　自助餐接待服务

自助餐是一种越来越受欢迎的餐饮服务方式。这种形式有许多优点，一是菜肴丰富，陈列精美，能引起人们的食欲。二是它具有品尝性，人们只要花少量的钱，就可品尝到具有地方特色、品种繁多的美味佳肴。三是自助餐的就餐速度较快，宾客进餐厅后无需等候，这对赶时间的宾客来说无疑是非常方便的。另外，自助餐的菜肴是事先准备好的，故在服务时间内，厨师可以减少，缓解高峰时期厨房的忙碌和厨师人手紧张的矛盾，服务员的使用也是非常节省的。

一、自助餐形式

自助餐设有菜台，菜台上摆放着各种精美菜肴和餐具，菜台周围配有餐台和餐椅。自助餐的形式有中式自助餐、西式自助餐、中西结合式自助餐。宾客进入餐厅后，在预先布置好的食品台上自取餐具，自选食品，任意选菜，然后自己取回享用。自助餐有设座和不设座两种，后者可以在有限的空间里容纳更多的就餐者，可以帮助解决在特别活动时就餐场地不足的问题。

二、自助餐和冷餐会的区别

人们很容易混淆自助餐和冷餐会，其实它们是有区别的。自助餐的接待对象通常是零散宾客，就餐宾客的要求是价格便宜，品种多样，节省时间，消费一般比零点餐厅低；冷餐会的接待对象是宴会宾客，就餐宾客追求的是丰盛的菜肴和热烈的气氛，对时间和价格不太在意，往往消费较高。

三、自助餐的特点

1. 宾客能在短时间内品尝自己所喜爱的佳肴。

2. 自助餐的标准是固定的，宾客按规定交付费用后，就可以用餐，或用餐后交费，比较经济实惠。

3. 宾客直接到菜台拿取自己喜欢的菜肴。

4. 不受时间限制，可随到随吃。

四、自助餐厅的布置

一个正常经营的自助餐厅的布置应该具有其独特的个性，并能以其鲜明的形象给宾客留下深刻的印象，同时与其精美的菜肴相映成辉，如水晶宫似的海鲜自助餐厅、富有浪漫色彩的野味自助餐厅、反映本地风土人情的民俗自助餐厅和具有乡土气息的田园自助餐厅等。

根据特别活动而设的自助餐应按其主题进行布置，并将该主题作为指导思想贯穿于餐厅装潢、背景布置、餐台装饰和食品推销中去。有可能成为自助餐主题的节日，如圣诞节、母亲节、复活节、情人节、感恩节、元旦、春节、端午节、元宵节、中秋节等，都是饮食促销的大好时机。

装饰布置所选用的材料应为突出主题服务，墙壁背景、屏幕、盆栽和其他活动装饰都可以作为招徕生意的手段。现代声光系统可以使自助餐厅有声有色。

餐具和陈列餐肴的容器也可以别出心裁，除瓷器、玻璃器皿和银器外，木器、竹器、大贝壳等都是能起点缀作用的容器。

自助餐台是餐厅内众所瞩目的地方之一，应明亮、显眼。

五、自助餐台的布置

自助餐台也称为食品陈列台，可以安排在餐厅的中间或靠墙的一边，也可以放在餐厅一角；可以摆一个完整的大台，也可由一个主台和几个小台组成。自助餐台的安排形式多样，变化多端，但布置时必须注意下列问题。

1. 醒目而富有吸引力

自助餐台要布置在显眼的地方，使宾客进入餐厅第一眼就能看到。可用聚光灯照射台面，但切忌彩色灯光，以免菜肴颜色改变。

2. 方便宾客取菜

自助餐台的大小要考虑宾客人数及菜肴品种的多少，位置安排要考虑宾客取菜时的人流走向，避免宾客选择菜肴时拥挤堵塞。

3. 台布遮住台脚

自助餐台的台布要下垂至离地面 5 厘米处，既要遮住台角，又不能让人踩着，铺好台布后再围上台裙。

六、自助餐常见台型

1. I 形台

I 形台即长台，是最基本的台型，常靠墙放。

2. L 形台

L 形台由两个长台拼成，一般放在餐厅一角。

3. O形台

O形台即圆台，通常摆在餐厅中间。

4. 其他台型

如果定制一些餐台（如扇面、半圆、1/4圆等），可根据场地拼接出各种新颖别致、美观流畅的台型。

另外，自助餐台的中央一般布置较大的花篮，用雕塑、烛台、鲜花、水果、冰雕等饰物点缀，填补空白，增强效果。

七、自助餐台面布置

1. 宾客盛菜用的餐盘放在自助餐台最前端（即靠近入口处的一端），餐盘叠放要整齐，不可堆放太高，以免倒塌。

2. 凡热菜必须用保温锅保温。

3. 与菜肴搭配的汤汁、调料和装饰物应与这些菜肴摆放在一起。

4. 甜食和水果可以单独设台，也可以用分格子大盘盛装。

5. 每盘菜肴都要摆放一副取菜用的公用叉勺，餐盘前摆放中英文菜牌。

6. 所有菜盆不得伸出台边，一般距台边10厘米左右。

7. 摆放菜肴时，注意色彩搭配，做到美观整齐。

8. 在摆放技巧上，应将成本较低的菜肴放在引人瞩目的地方，这样宾客就会先取食便宜的菜肴，会减少消耗量。

9. 分成各个点和块的食品陈列可以有各个不同国家和地区的特色菜，这是自助餐的又一特点。

八、自助餐服务环节

1. 准备工作

（1）按自助餐要求，摆放整理好自助餐的餐台和餐桌，并按照菜单准备好各类餐具和用具。

（2）根据自助餐的要求，做好餐台的布置工作，餐台要用台裙围边，台面上要放置好各种装饰用鲜花、各种雕刻或其他艺术品，准备好各种盛放热菜的保温锅等。

（3）按照从冷到热，从素到荤或从淡色到浓色的原则将菜肴分类摆放，并在餐台前端的位置摆放餐碟及其他就餐用具。

2. 值台服务

（1）高级的自助餐，常在宾客去自助餐前，就把开胃品和汤送到宾客的餐桌上。饮料、面包、黄油也是由服务员送到餐桌上，服务规格与正餐一样。

（2）不设座位的自助餐，则将餐具、面包、黄油、甜点和饮料放在自助餐台上。标准是：宾客用的盘子在最前面，餐具、餐巾、面包、黄油在最后端。开胃品、饮料和甜点可以分别在几处设台，以加快服务速度，避免拥挤。

（3）宾客到餐台取食品时要给宾客递碟，热诚地为宾客服务。用餐过程中要勤巡视，细心观察，如宾客要吸烟，要为宾客点火。烟灰缸里有两个烟蒂，就要撤换，保持台面的清洁。宾客餐桌上的空碟、空饮料杯要及时撤走。

（4）一个陈列餐盘里如 1/3 已空时，就应该补充或换上一盘满的，否则就会让人产生食物不足的印象。

（5）对需保温的食品的电热炉和暖锅要特别留意，经常检查添加燃料，而要使食物保冷必须备有冰块，盛冰块的碗要时常更换。点燃的蜡烛要保持笔直，不流蜡的暖锅和蜡烛都应离开服务线一定的距离，以避免意外。

（6）在自助餐台后，应设一厨师穿上洁白的服装来照顾餐台，像主人一样向宾客介绍、推荐和分送菜肴；分切大块烤肉等；整理餐台，保持其美观；及时更换和添加餐盘；检查设备，保持食品的热和冷；回答宾客问题，如果宾客把食物溅出，要及时提供帮助。

（7）如果是宾客自取自烹的火锅式自助餐，服务员要负责为宾客准备火锅，并开启点火开关，告诉宾客一些特殊食品的烧法，提供各种调料，随时加汤和斟酒。

（8）在餐厅发生意外时，如宾客打翻盘子，服务员要迅速帮助处理，打翻在桌子上的食物，要立即刷到空盘内，除去污迹，再盖上清洁的口布；打翻在地上或地毯上的食物，要立即通知有关人员清洗，在此之前可先盖上一块餐巾，以免其他宾客踩踏上去。

(9) 宾客吃完食品和甜品后，征询宾客要咖啡还是茶，然后为宾客提供。

(10) 宾客用餐完毕要求结账时，要尽快为宾客结账。

3. 结束工作

营业结束后，服务员要收拾好餐台和餐具，搞好清洁卫生，保持餐厅整洁美观；检查宾客有无遗留物品，烟火是否已经熄灭，然后关闭电源，关好门窗，待主管或领班检查后方可离开。

模块四　西式早餐接待服务

零点餐厅主要接待零星散客就餐，不管宾客是否预订餐位；菜肴一般都在宾客进入餐厅后点菜决定，厨房根据点菜内容临时加工，宾客用餐完毕按点菜内容结账。由于早餐和午餐、晚餐的上菜内容不同，故零点餐厅服务分为早餐服务和午餐、晚餐服务。

咖啡厅通常还是举行自助餐的场所，尤其是早餐，能极大地节省宾客的时间，座位周转率比较高。在一些特别的节日和活动期间，咖啡厅还常常在下午茶时间安排一些娱乐活动，如演唱会、时装表演等，以达到促销的目的。

一、咖啡厅早餐服务

西餐早餐通常较简单，但很受欧美人重视，来中国旅游的欧美宾客喜欢在午晚餐享用中国菜，但早餐一般习惯吃西餐，咖啡厅早餐开餐时间一般为上午 6 时至 10 时，有些早上较迟起床而又要赶时间的宾客（尤其是住店宾客）希望到餐厅就能吃上早餐，服务员应快速服务，并让宾客吃得舒服、满意；也有些宾客并不赶时间，他们意在享受，对这些宾客，服务员应更注重礼貌，营造和谐的就餐气氛。

1. 早餐的种类

西式早餐可分为美式早餐、英式早餐、欧陆式早餐三类。

（1）美式早餐。美式早餐的特点是在食品配餐中有蛋有肉，分量较大。一般包括：

1）杂果杯或果汁。

2）各式双蛋拌火腿、双蛋拌腌肉、双蛋拌香肠。

3）多士、牛角包或丹麦包。

4）咖啡、茶或鲜奶。

（2）英式早餐。英式早餐的特点是在食品配餐中有蛋无肉，一般包括：

1）杂果杯或果汁。

2）各式煎双蛋、煮蛋、烩蛋。

3）多士、牛角包或丹麦包。

4）咖啡、茶或鲜奶。

（3）欧式早餐。欧式早餐的特点是在食品配餐中食品量较少，无蛋无肉。一般包括：

1）杂果杯或果汁。

2）多士、牛角包或麦丹包。

3）咖啡、茶或鲜奶。

3. 咖啡厅早餐服务程序

（1）尽快给宾客上饮料，问清宾客是要咖啡还是要红茶等。

（2）递呈菜单，推荐当日新鲜水果。

（3）记录订单，如果有宾客点用蛋类，要问清喜欢哪种烹食方法，煮蛋要几分钟的。

（4）根据菜单，如有同类品种可供选择的，要问清宾客的要求。

（5）将订单送入厨房备菜。

（6）迅速备妥食物的配料放在餐桌上，如烤面包应备有果酱、黄油等；法式烤面包需备有黄油、糖酱等。

（7）尽快上宾客所要的食物，不断添加咖啡或茶等。

（8）征求宾客对食物是否满意。

（9）除非宾客要结账，否则应问宾客还需要什么服务。

（10）宾客结账后，应向宾客致谢，并欢迎再次光顾。

（11）当宾客吃完饭后，要清理台上的东西，但宾客尚未离座时，不要拿走他们未饮用完毕的饮料杯，每位至少留有一个杯子。

（12）西餐中宾客用过的脏盘应立即撤走，不清楚时应问一下宾客是否还需要。

服务贴士

早餐服务有一定的难度，因为大多数宾客都没有足够的时间去享受一顿丰盛的早餐，宾客吃早餐往往都有自己对食物和饮品的特别要求，特别是鸡蛋的烹饪方法，在未看菜单前，他们可能要一杯咖啡或红茶等，所以应该随时准备好。

二、咖啡厅午餐与晚餐

1. 咖啡厅午餐与晚餐（正餐）摆台

（1）铺好台布。

（2）摆好餐椅（与早餐相同）。

（3）将装饰盘摆在每个席位正中（餐盘中心线对准餐椅的中心线），距桌边 1 厘米或 1.5 厘米。

（4）盘与盘之间的距离相等在装饰盘的右侧从左到右依次摆放餐刀、鱼刀、汤匙，刀刃向左，刀把和匙把距餐桌 1 厘米或 1.5 厘米。

（5）在装饰盘的左侧从右向左依次摆放餐叉、鱼叉，叉口向上，叉柄距餐桌边 1 厘米或 1.5 厘米。

(6) 将面包盘摆在鱼叉左侧，与桌边线间距为 4 厘米。

(7) 黄油刀摆在面包盘上的右侧 1/3 的位置上。

(8) 水杯摆在餐刀正前方 2 厘米处。

(9) 将餐巾花摆在装饰盘的正中位置。

(10) 将花瓶、台号牌、胡椒瓶、盐瓶等集中摆在餐桌的中心位置。

2. 咖啡厅午餐和晚餐服务程序

(1) 宾客入座后，首先向宾客介绍鸡尾酒，如果宾客不要鸡尾酒，可介绍其他饮料。

(2) 给宾客上鸡尾酒或其他饮料。

(3) 递呈菜单，介绍当日特选菜肴。

(4) 记录宾客所点的菜肴。

(5) 询问宾客是否需要第二杯鸡尾酒或者饮料；根据订单，调整宾客面前的餐具。

(6) 给宾客送上面包、黄油等。

(7) 如果有宾客点用开胃冷盘，应首先送上。

(8) 吃完头盘后，收回脏盘和头盘刀叉。

(9) 上色拉。

(10) 当宾客吃色拉后，撤去盘、碟和叉。

(11) 送上主菜（大盆）。将盆中肉食一边靠近宾客，蔬菜和配菜在上端；如果宾客还未吃完色拉，应将色拉钵移向左边，让出更多的地方摆放主菜，根据西餐习惯，色拉常常作为主菜的配菜同吃。

(12) 上主菜前要先给宾客斟酒（如果宾客要酒的话）。

(13) 给宾客添水、面包、黄油等。

(14) 询问宾客对菜肴食品的质量是否满意。

(15) 当宾客吃完后，清除餐桌上所有的盘、碟和剩余食物，将用过的餐具拿到附近工作台上的托盘里，用干净的服务巾将台面上的碎面包屑等扫到一只碟子里，并收去餐桌上的调味品。

（16）向宾客介绍甜品，开订单。

（17）送上甜品、咖啡。根据需要给宾客添加冰水。

（18）向宾客推荐餐后甜酒。

（19）送上餐后甜酒，添加咖啡。

（20）结账前，询问宾客是否还有其他要求。

（21）替宾客结账。

（22）拉椅送客，欢迎宾客再次光临。

模块五　西式正餐接待服务

一、准备工作

开餐前半小时，做好一切准备工作。

（1）向水杯注入4/5的冰水，将蜡烛点燃。

（2）面包要放在面包篮里，摆在桌上；黄油要放在黄油碟里。

（3）将餐厅门打开，迎送员站在门口迎接宾客。

（4）服务员站在桌旁，面向门口。

二、迎接宾客

宾客进来时，要向宾客问好，为宾客搬椅、送椅，宾客坐下后从右侧为宾客铺上餐巾。

三、斟酒

为宾客斟酒前，要先打开瓶盖，把酒倒出少许，先让主人尝试，经许可后再为宾客斟酒，其他与“斟酒”服务程序同。

四、餐间服务

1. 从宾客的右侧为宾客上菜。

2. 先给女宾和主宾上菜。

3. 宾客全部放下餐具后，询问宾客是否可撤盘，得到宾客允许后，方从宾客右侧将盘和餐具一同撤下。

五、清台

1. 用托盘将面包、面包刀、黄油碟、面包篮、椒盐瓶等全部撤下。

2. 从宾客的右侧为宾客上甜食。

3. 待宾客全部放下餐具后，询问宾客是否可以撤下，得到允许后，将盘和餐具一同撤下。

六、上咖啡和茶

(1) 先将糖罐、奶罐在餐台上摆好。

(2) 将咖啡杯摆在宾客面前。

(3) 上新鲜热咖啡和茶。

七、结账

宾客示意结账时，由领班通知收款员汇总账单，检查账单，结账。并向宾客道谢。

八、送客

服务员为宾客拉开餐椅后，站在桌旁礼貌地目送宾客离开。

模块六 西餐扒房接待服务

扒房以提供午餐、晚餐为主，有的只提供晚餐。在欧美，晚餐比午餐更正式、更受重视。

扒房多采用法式手推车服务，许多特色菜肴都在宾客面前现场烹制和切割，对服务员技术要求较高。服务员应熟悉菜肴与酒水及其服务方式，掌握客前烹制技能，有娴熟的推销技巧，能用外语对客服务，并应彬彬有礼，具绅士风度。扒房服务专业性强，应经培训合格后才能上岗，员工搭配往往是一名领班带一名或两名服务员和一名助手负责服务一个区域。下面介绍扒房晚餐的服务环节：

餐前预订→服务接待→餐中服务→用餐结束

一、餐前预订

扒房因进餐节奏慢，就餐时间长，所以，座位周转率很低。为了保证到餐厅就有座位，就餐往往需要提前预订，扒房一般由引座员或餐厅预订部负责接受宾客的预订或面订。

1. 电话预订服务程序

(1) 要求在电话铃响三声之内拿起听筒。

(2) 自报身份，并问清宾客的姓名、预订的座位数及准确时间等。

(3) 记下宾客的特殊要求，如要求留座的位置、预订的菜式、是否需要生日蛋糕等。

(4) 重复宾客的预订，让宾客确认你所重复，并道谢。

(5) 宾客挂上电话后，预订员才能挂电话。将预订情况立即填写在预订表上，预订表应以一天占一页纸为宜，以免混淆。

2. 餐厅台面布置

(1) 铺好台布。

(2) 固定客椅的位置。

(3) 摆装饰盘。

(4) 在装饰盘右侧从左至右依次摆放牛扒刀、鱼刀、汤匙等，刀刃向左。

(5) 刀把和匙把距桌边 1.5 厘米。在装饰盘左侧从右向左依次摆放牛扒叉、鱼叉等，叉口向上，叉柄距桌边 1.5 厘米。

(6) 在装饰盘正前方从下至上依次摆放甜品叉和甜品匙，叉把向左，叉口向右；匙柄向右，匙面朝上。

(7) 在餐叉左面摆面包盘，距桌边 4 厘米。

(8) 将黄油刀摆于面包盘内靠右侧 1/3 的位置上。

(9) 将水杯摆在餐刀的正前方，与刀尖相距 2 厘米；葡萄酒杯摆在水杯的右下方，与水杯相距 1.5 厘米。

(10) 将餐巾花摆在装饰盘正中。

（11）将调味架和牙签筒按 4 个人一套的标准摆放在餐桌中线的位置上。

（12）在餐台中心位置上摆放一个花篮或花瓶，鲜花高度不得超过在座宾客的视线。

（13）在已被预订的餐桌上放置留座卡。

3. 餐前会（班前会）

开餐前半小时，每个服务员都要参加由餐厅经理或主管主持的餐前会。会上由经理宣布任务分工，介绍当日特别菜肴及其推销、服务的注意事项，让员工了解当日客情，检查员工的仪表仪容。

4. 开餐准备

服务员接受任务后，回到各自岗位做好开餐准备工作。

二、服务接待

1. 宾客进餐厅

餐厅引座员或经理在餐厅门口迎候宾客，见到宾客先问候询问宾客有没有预订，然后将宾客引领到预留或适当的餐桌。

2. 宾客就座

值台员上前招呼宾客，帮助宾客就座，同时打开餐巾垫在宾客的膝上，向宾客介绍开胃酒或鸡尾酒，记下每位宾客所点的酒水。

3. 开出酒水单

酒水订单一式三联，一联交收款台以备结账，二联到吧台取酒水，三联自留备查。

在一桌有很多宾客的情况下，往往需要在草稿纸上画出餐位示意图，按图用缩写或符号记下宾客要求，以防止上错酒水。

4. 上酒水

开单后，服务员应尽快将酒水送到宾客桌上，按国际标准，时间不应超过 2 分钟。没有点酒的宾客应为其倒上冰水。对于鸡尾酒，应用托盘送上，并报出名称，如果由售酒服务员开点酒单，可进行客前鸡尾酒调酒表演。

5. 递菜单

扒房领班请宾客点菜时，应为每位宾客呈递一份菜单，呈递按先女后男或先宾后主次序进行。呈递时要打开菜单的第一页，同时介绍当日厨师特选和当日特殊套菜，然后略退后，给宾客以选菜的时间。

6. 接受点菜

扒房由领班接受宾客点菜，在一般情况下，值台员不能接受点菜，因西餐采取分餐制，人手一份菜单，每位宾客所点菜式都可能不一样，点菜时，需事先在草稿纸座位示意图上将相应宾客所点菜名写上，再根据草稿纸上所点菜肴安排正式订单。点菜较多的宾客，可征得他同意后色拉配主菜吃，而点菜少的则可将色拉当一道主菜上。总之，尽量让每位宾客都不受冷落，做到从第一道菜到最后一道菜每位宾客都有吃的。

领班将开好的订单一联交收款台，二联交厨师长备菜，三联与草稿一起交给值台员由值台员去准备工作。

服务贴士

宾客点下列菜肴时，领班应注意下列事宜：

◆ 点牛排、羊排时，应问生熟程度。

◆ 点色拉时，问配何种色拉汁。

◆ 点法国洋葱汤时，问清是否配帕尔玛干酪。

◆ 在客前制作色拉时，要将各种调料请宾客选择，征询宾客是否放全每种调料。

7. 呈递酒单

领班或酒吧调酒师根据宾客所点的菜肴，推销与其相配的佐餐酒。

8. 重新安排餐桌

值台员根据订单和示意图，给每位宾客按上菜顺序摆放刀、叉、勺。最先吃的菜肴用具放在最外边，从其刀叉依次向中央摆放，如最后吃主菜牛排，则牛排刀、叉置于最里面，靠垫盘两侧。

三、餐中服务

1. 领班或调酒师订佐餐酒

征求宾客用什么葡萄酒（西餐的红葡萄酒、白葡萄酒一般整瓶出售），如果订红葡萄酒，要问清是现在喝还是配主菜喝，现在是否要打开等。红葡萄酒要盛放在酒架或酒篮中放在宾客的餐桌上。白葡萄酒应立即服务，即将白葡萄酒杯放在盛冰块与水的香槟酒桶里，连酒桶架一起端到主人身边。另外，应根据订单摆放酒杯，有的餐厅摆位时已准备红、白葡萄酒杯，如果只订一种葡萄酒，则将多余的葡萄酒杯撤下。

2. 上黄油、面包

值台员要检查黄油是否够量，形状是否完好；检查面包是否够量，是否新鲜，要先给女性上黄油和面包。

3. 餐酒服务

领班、调酒师负责服务佐餐酒。介绍白葡萄酒时，应将准备好的冰桶架端至主人右手边。

服务贴士

用酒篮提供红酒服务的操作程序

◆ 用餐巾托起瓶身向主人展示酒的牌子，让主人确认是他所点的酒后，放回冰桶里。

◆ 在宾客面前用开瓶器将木塞取出，木塞直接递给主人，待主人闻过木塞，确认其所点的酒品没有问题后，再用餐巾擦拭瓶口。

◆ 用餐巾包裹瓶身，但需露出牌子，先在主人杯子里倒入少许，让主人品尝，然后先女后男斟酒，最后再给主人斟至标准量。白葡萄酒斟至1/2杯，红葡萄酒斟至2/3杯。

◆ 将斟后的酒瓶放回冰桶，上面覆盖餐巾，随时准备替宾客添加，如果酒瓶空了，应询问宾客是否再订一瓶。

4. 服务头菜

根据订单和座位示意图，用餐厅严格规定的服务方式上菜。有的餐厅用手推车将在厨房分盘装好的菜推至桌边，有的餐厅则用银盘分派。端上菜肴时，要告诉宾客菜名。在一般情况下，上菜时值台员用右手从宾客右边端上，直接放入装饰盘内。上完菜后，要祝宾客用餐愉快，移走手推车。

5. 检查桌面情况

餐厅服务员应随时关注桌面情况，及时提供服务。

服务贴士

检查桌面一般程序

◆ 撤走空的饮料杯。

◆ 换下有两个烟蒂的烟灰缸。

◆ 添加冰水、葡萄酒。

◆ 添派面包及黄油。

◆ 随时为宾客点烟。

6. 撤走头盘

菜吃完后，撤盘前需征求宾客意见，撤时按先女士后男士的顺序进行，应将刀叉放在空盘里一同撤下。

西餐服务要求徒手撤盘，只有玻璃杯具、烟灰缸、面包盘、黄油盅等小件物品用托盘撤送。收盘时，用右手从宾客的右边按顺时针方向依次撤下每位宾客的空盘，撤下的脏盘直接送入洗碗间，分类摆放。

7. 服务第二道菜

值台员用手推车或旁桌服务方式送上第二道菜，直接放在装饰盘内。汤盅需垫上餐巾折成的小荷花，这样既美观又可保温，色拉木碗与汤盅一样需垫小荷花，以使冷食品保持低温。色拉汁、奶酪粉等调配粉一律从宾客左手边分派。

第二道菜吃完后，空菜盘应连同装饰盘一同撤下，餐位上只留下吃主菜的刀叉用具及面包碟。

8. 服务主菜

许多餐厅的主菜是在宾客面前烹制表演、切割装盘。值台员要提前做好准备工作，然后由领班进行操作表演。

将菜肴装盘时要注意布局，一般蔬菜等配菜放在大块肉上方，汁酱不要挂在盘边，值台员在宾客右侧上菜，上完菜后要报菜，告知牛排、羊排几成熟。放盘时，让主菜、肉类靠近宾客，蔬菜则靠桌心。

9. 撤主菜盘

当全部宾客吃完主菜后，值台员应按先女后男的次序撤走主菜盘刀叉，用服务巾将面包碎屑扫干净并征求宾客对主菜的意见。

10. 奶酪和甜点推销

推销奶酪和甜点时，应先展示放有各式奶酪的木板或手推车，将宾客点的奶酪当场切割、装盘、摆位，并配上胡椒、盐盅、黄油、面包、凉蔬菜等。待宾客吃完奶酪后，将用具托盘撤下，只留下甜品叉、勺及有酒水的杯子、餐巾、烟灰缸、花瓶、蜡烛。然后展示甜品车，传递蛋糕、甜点、水果等。有些扒房则呈递甜品单，甜品在厨房里准备。但对于苏珊饼，要在宾客面前烹制表演。

11. 服务咖啡或茶

先问清宾客是喝咖啡还是喝茶，随后送上糖缸、奶壶或柠檬片，准备咖啡具或茶具。咖啡和普通红茶配糖和淡奶，柠檬茶配糖和柠檬片。

12. 撤走甜点用具

值台员用托盘撤走盛甜点的用具，将咖啡或茶杯移到宾客面前。在宾客离桌前，所有酒杯均应保持原位不动，待宾客离去后再撤。

13. 推销餐后酒和雪茄

展示餐后酒车，问宾客是否在餐后需要点利口酒或雪茄烟。

用酒车上准备好的各式酒杯倒酒并随之记账。如果宾客准备吸雪茄，要帮助宾客点燃。

14. 结账

宾客示意结账时，领班通知收款员汇总账单。领班要检查账单是否正确，然后用账夹或小型银托盘送账单，不得读出金额总数，除非宾客有疑问。收款员办完结账手续后，在账单一、二联盖上“收讫”章。领班用账夹将找回的零钱和三联交还宾客并道谢。

四、用餐结束

1. 送客

宾客起身离座时，要帮助其拉椅，并提醒宾客带好自己的物品，说“谢谢光临”“欢迎下次再来”等礼貌用语，送宾客到餐厅门外，鞠躬道再见或晚安。

2. 清台

放好椅子，收理餐巾，用托盘、干抹布清理台面，换上干净的台布，准备迎接下一批宾客或为下一餐铺台。

参考文献

1. 曾凤茹. 餐厅服务员. 北京：中国劳动社会保障出版社，2003
2. 陈金标. 宴会设计. 北京：中国轻工业出版社，2002
3. 黄文波. 餐厅管理. 北京：中国旅游出版社，2004